JN299082

EDUCATION
AND
SOCIETY

教育と社会

子ども・学校・教師

陣内靖彦・穂坂明徳・木村敬子　編著

学文社

執筆者

* **木村敬子** 聖徳大学名誉教授（第1章，コラム）
   上田智子 聖徳大学児童学部講師（第2, 3章，コラム）
* **穂坂明徳** 日本赤十字秋田看護大学教授（第4, 5, 9章，コラム）
* **陣内靖彦** 東京学芸大学名誉教授（第6, 8章，コラム）
   石井久雄 明治学院大学文学部教授（第7章，コラム）

（執筆順／＊は編者）

ま え が き

　本書は，大学または短期大学で，教育学部や教育学科の専門科目のひとつとして教育社会学を学ぶ学生，または教員免許取得を目指している学生に求められる「教育の基礎理論科目」の中の「教育に関わる社会的，制度的又は経営的な事項に関する科目」を学ぶ学生のためのテキストとして編集したものである。それも，大学・短期大学への進学率が18歳人口の50パーセントを超えるまでに一般化した今日の大学教育の水準，大学入学生たちの基礎知識や学習意欲を考慮して，できるだけわかりやすい，とっつきやすい，親しみを覚えるテキストを目指して編集した。

　本書は，子どもの社会学，学校の社会学，そして教職の社会学を教育社会学の3本の柱として用意し，その3つめの柱には「消費社会」「情報社会」，および「教育改革の世界的動向」を含めた3部構成をとっている。「子ども」をテーマに扱った3つの章，すなわち第1章「日本の家族と子どもの生活」，第2章「現代の子育てとその支援」，そして第3章「社会の変化と幼児教育」では，家族，幼稚園，保育所など主に義務教育就学前の子どもたちの生活と教育をめぐって，その社会的背景との関連に焦点を当てながら考察を加えた。第二の柱である「学校」については，第4章「日本の社会と学校」，第5章「カリキュラムと教科書」，そして第6章「学校生活の社会学」の3つの章で，学校という社会制度，および学校での学習と生活について社会学的な視点から考察を加えた。そして最後の3つの章は，第7章で，今日学校以上に子どもたちに強い影響を及ぼしていると思われる教育環境として「消費社会」「情報社会」をめぐる問題を，第8章「日本の社会と教師」で，子どもたちを相手に，社会からの委託を受けて，教育という営みに従事する教師について考察し，第9章「世界，アジア，日本の教育改革」では，わが国の教育改革の特徴を欧米からの視点に，さらにアジアからの視野をも含めて捉える試みをしている。教師も消費社会や情報社会と同様に教育環境のひとつ

に位置づけることもできるし，世界やアジアの教育改革の動向は，これからの日本社会における教育のあり方を構想するためには不可欠であると考えて構成したものである。

　今日，教育をめぐってさまざまな動きがあり，いろいろな見解が提示され，意見が繰り広げられている。それらは本書の各章でカバーしきれない広がりをもつものである。そこで本書では新たな試みとして，各章の内容に関わって「コラム」を用意して簡単な解説をした。各章で体系的に説明しようとするとやや外れる事柄や，章のテーマとするほどではないが，章の中で扱うと章の内容がふくらみすぎるというような項目を1ないし2頁の分量で取り上げた。授業の中では，これをひとつの章として扱っていただいても，あるいは各章を捕捉する参考資料として扱っていただいてもいいと考えている。

　また，もうひとつの新たな試みとして，各章末に1つないし2つの演習課題（「考えてみよう」）を用意して学生諸君の学びを，より広がりのある，またより深みのあるものにしたいと考えた。この演習課題を通じて，それぞれの章で学ぶべきこととは一体何だったのかを振り返って考えてもらうとともに，その課題に取り組むことから，自分自身で教育社会学を実践し，教育社会学をその生の姿で身につけてもらえればこれにこしたことはないと思う。

　その他に，巻末の資料で用意したのは，本書の学習によって教育社会学を実践していただくのに役立つであろう最低限の文献資料と統計データを精選して取り上げた。また，各章の中でスポット的に「キーワード」を配置したが，これも教育社会学の今日的な活用に使える，基礎知識として身につけていただきたい学術語を取り上げている。教育社会学を自らの生きる力にしてもらうためにこれを使用していただければ幸いである。

　このように本書は，教育社会学を体系的に概説するものでも，教育社会学という学問について学ぶためでもなく，社会学という研究の方法，物事や問題を捉える視点・道具を使って，実際にこの国のさまざまな教育現象なり教育問題を解読するための入門たらんことを目指して編集したものである。戦後からすでに60年以上が過ぎ，昭和が平成になってすでに24年，そして新

まえがき

しい世紀になってはや12年が過ぎようとしている。教育とは社会的な営みである。それ自体が社会的事業であり、その行為は社会との関係なしには営まれえない。近代教育の制度疲労がいわれ、戦後教育の枠組みに触れる改革が進められ、まさにその根本からこれからのこの国における教育のあり方が問われている。これからの社会のあり方を構想し、その中での教育の位置と役割を問う教育社会学こそが、これまでの教育を捉えなおし、これからの教育を構築するという今日的課題を負っているのではないかと思う。本書が、これからの社会を背負うであろう学生諸君にとって、未来の教育を構想するために少しでも助けになればこのうえない幸せである。

　なお、本書の刊行に当たっては、学文社編集部の落合絵理氏に終始サポートをいただいた。同氏の細部にわたるご配慮と粘り強いご支援があったればこそ本書はここに日の目を見たものである。記して謝意を表したい。

2012年3月

編著者を代表して　陣内　靖彦

目　次

まえがき　　1

第1章　日本の家族と子どもの生活 …………………………………… 9
1　子どもにとって家族とは—家族と社会化
　　　——家族の中で育つ子ども　　9
2　家族の現状—環境としての家族状況　　10
　　世帯の家族類型　　世帯平均人員の減少—小家族化　　少子化・高齢化
　　家庭の経済構成—親の働き方
3　家族の変化と子どもの教育　　17
　　家族と家族意識の変化—夫婦関係と親子関係　　家族への期待の大きさ
　　家庭教育に集まる注目　　「教育家族」はどこへ

第2章　現代の子育てとその支援 ……………………………………… 27
1　子育て支援を必要とする社会　　27
　　求められる子育て支援　　現代＝子育てしにくい社会？
2　高度経済成長は，子育てをどう変えたか　　29
　　高度経済成長と家族の変化　　人口学的特徴からみた家族の変化
　　育児不安研究が明らかにしたこと
3　「家族の子育て」を超えて　　34
　　父親の育児参加の促進　　「母親の社会的ネットワーク」の構築
4　子育てと育児ネットワーク　　38
　　子育てを支えるネットワークとは

第3章　社会の変化と幼児教育 ………………………………………… 44
1　問われる幼児教育の制度と内容　　44
　　幼児教育への社会的関心　　幼児教育の基準となるもの　　「幼稚園教育
　　要領」・「保育所保育指針」に反映される社会変化
2　多様化・市場化する幼児教育　　49
　　多様化する幼児教育　　幼児教育の市場化の背景

3　保育形態の動向と課題　55
　　　日本的集団主義の評価と批判　「自由保育」とその課題

第4章　日本の社会と学校 …………………………………… 64
　1　伝統社会の教育システムと教育機関　64
　　　子育ての習俗「産育」　近世社会と教育機関の発達
　2　近代社会の成立と公教育制度の整備　66
　　　近代への夜明け前　明治新政府の教育改革　明治期の学校制度の整備と国家主義的教育体制　教育勅語と天皇制教育　工業化と産業教育の要請　近代国家と立身出世主義
　3　大正自由教育から昭和・戦時教育へ　73
　　　大正デモクラシーと児童中心主義の教育　都市化の進展と学歴社会の形成　軍国主義教育への傾斜と戦時教育
　4　新たな国家の出発と戦後教育改革　76
　　　国家・社会体制の再建と教育改革　新教育の教育システムと揺り戻し　経済成長と教育要求　高度経済成長と高学歴への志向
　5　ポストモダンの教育システムの構築　81
　　　戦後教育の見直しと教育改革の足取り　これからの日本の教育と社会

第5章　カリキュラムと教科書 ………………………………… 87
　1　カリキュラムと学校教育　87
　　　カリキュラム開発の歴史　教育課程の構造とカリキュラム類型
　2　社会変化と学習指導要領の変遷　89
　　　戦後新教育と経験主義カリキュラム　系統主義カリキュラムと国家意識の涵養　高度経済成長と能力主義カリキュラム　新学力観とゆとりのカリキュラム
　3　教科書とその検定・採択のシステム　95
　　　教科書検定制度　教科書採択のシステムと問題性
　4　カリキュラム開発とカリキュラムの社会学　97
　　　地域とカリキュラム開発　カリキュラムの社会学　カリキュラムと階層格差の視点

第6章　学校生活の社会学 ……………………………… 103

1　学校と教室　　103
　　近代学校と子どもの生活　　教育のための空間として教室は発明された

2　学級制度と学級集団　　106
　　日本における学級制度の成立　　学級の人間関係　　わが国における学級集団の特質

3　学校文化・生徒文化　　109
　　生徒文化の視点　　生徒文化の現状　　生徒の下位文化（sub-culture）　対抗文化（counter-culture）から離脱の生徒文化へ

4　隠れたカリキュラム　　114
　　顕在的カリキュラムと潜在的カリキュラム　　「隠れたカリキュラム」研究の成果と課題

第7章　消費社会・情報社会と子ども文化 ……………… 119

1　消費社会・情報社会と子どもの関係　　119
　　消費社会と子ども　　情報社会と子ども　　消費社会・情報社会から影響を受ける子ども／消費社会・情報社会に影響を与える子ども

2　消費社会に生きる子どもの諸相　　122
　　消費空間に囲い込まれる子ども　　一人前の「お客様」としての子ども　子どもの個性表現の商品化

3　情報社会に生きる子どもの諸相　　126
　　ケータイでつながる「友だち」　　学校裏サイトにおける悪意　匿名の他者との親密性と多元的自己

4　消費社会・情報社会で生きていくために　　132
　　消費社会に生きる子どもたちに　　情報社会に生きる子どもたちに

第8章　日本の社会と教師 ………………………………… 137

1　教師とは何か　　137
　　教師はどのように語られてきたか　　教師と生徒の間　　「人格的リーダーシップ」と「制度的リーダーシップ」

2　学校の変貌と教員制度の改革　　142
　　学校の社会的機能と教員役割　　教員免許制度　　給与制度　教師の職業モデル

3　教師の仕事を再考する　　147

　　　　教師の教育行為をどう捉えるか　　教師の社会的地位

第9章　世界，アジア，日本の教育改革 …………………………… 153
1　諸外国の教育改革の動向と方向　153
　　　欧米先進国の戦後教育改革　　アジア新興国の教育改革
2　「教育の機会均等」と「学力向上」を求める改革―アメリカを例に　157
　　　1950～60年代：人種差別解消・国民統合の教育改革　　1970年代：
　　　人間的な教育を目指す改革　　1980年代：教育の卓越性を求める改革
　　　1990～2000年代：教育の国家目標と「教育の質的向上」の国家戦略
3　教育改革の主導原理と学力向上策　163
　　　「小さな政府」を目指す教育改革―市場原理主義の改革　　PISAと上
　　　位国　　フィンランドの教育改革
4　世界の教育改革と日本　167
　　　第三の教育改革　　21世紀の教育改革構想と教育基本法の改正
　　　世界と日本の教育改革

資　料 ……………………………………………………………………… 171
　　　学事奨励に関する被仰出書　　　　保育所保育指針（抄）
　　　教育ニ関スル勅語　　　　　　　　幼稚園教育要領（抄）
　　　教育基本法　　　　　　　　　　　小学校学習指導要領（抄）
　　　（旧）教育基本法　　　　　　　　中学校学習指導要領（抄）
　　　　　　　　　　　　　　　　　　　中央教育審議会答申一覧
　　　付表　①学校・施設数　②在学者・在籍者数　③教員数　④進学率／
　　　　　　就職率　⑤出生，死亡，婚姻及び離婚数・率及び合計特殊出生率

索　引　191

――コラム――

はじめに・「教育社会学とは」　8　　　　ニート（NEET）　86
ポスト近代型能力　23　　　　　　　　　コース・オブ・スタディ　101
ペアレントクラシー　26　　　　　　　　「学力低下問題」　102
子育てネットワークと社会関係資本　42　　不登校（登校拒否）　117
国家戦略としての幼児教育　61　　　　　キッザニア　136
多文化社会の子どもと教育　62　　　　　職業の種類と呼称　152
「通過儀礼」　84　　　　　　　　　　　　PISAとTIMSS　170

はじめに・「教育社会学とは」

　教育社会学は今からちょうど100年ほど前に，アメリカで成立した。当時の教員養成大学において，将来教師になる者のために社会学の初歩的な知識を授ける「教師のための社会学」（Sociology for Teachers）として開設されたのが始まりであった。それが教育実践に社会学の知見を応用する方向に進展して，その名称も「教育（的）社会学」（Educational Sociology）として独立したひとつの学問分野として確立したのである。第二次世界大戦後は，社会学の一分野として「教育の社会学」（Sociology of Education）の呼び方が一般的になり，実証科学としての性格を強くしてきた。このような経過を辿って成立発展してきた教育社会学が，戦後の教育改革とともにわが国の諸大学に導入され，その実証的分析を武器に教育諸学の中での地位を確立してきたのである。

　ベルリンの壁崩壊に始まるソヴィエト連邦の解体，冷戦体制の終結，そしてグローバリズムがわが国の政治，経済，社会，そして教育の世界にも及び，とくに臨時教育審議会の答申に沿った教育改革が推進される1990年代以降，教育現場は改革のあらしに吹きさらされることになる。その中で，2006年の教育基本法改正に象徴される戦後教育の大枠を変える動きが目立ってきた。激流に流され，明日何が起こっても不思議ではない，向かうべき方向を見失った教育現場に対して，従来の理念・理想を語るだけの教育学の指導力が低下して，理念よりも現実を実証的に説明する教育心理学や教育社会学への期待が高まった。

　いまや，かつて教育学が担ってきた役割が教育社会学に期待されるようにさえなってきた。近年の教育社会学の活躍にはめざましいものがある。子どもや学校をめぐる事件が起こると新聞記事には教育社会学者のコメントが付記される。教育関連学会の学会長に教育社会学研究者がなることが近年目立つ。極めつきは，日本教育学会の歴代会長が従来教育史学ないし教育哲学分野で独占されていたのが，前会長の教育方法学に続き，現会長には教育社会学出身者が選ばれたことである。その背後には，教育の営みそのもののすさまじい変化があり，それに連動してこのような教育諸学界の勢力地図が塗りかえられる現象が起きてることは確かである。

【陣内靖彦】

第 1 章

日本の家族と子どもの生活

●本章のねらい●

　子どもにとって家族は最初に社会化される重要な場である。家庭の教育力低下が心配だと一方ではいわれ，他方では親が今ほど教育的まなざしでわが子を熱心に育てようとしている時代はないといわれる。この章では子どもが育つ家族を考える。

1　子どもにとって家族とは―家族と社会化
　　―家族の中で育つ子ども

　子どもは家族の中に生まれ，家族を通して，言葉，行動のしかた，感情の表し方，価値観など，すなわち文化を習得して，社会のメンバーとして次第に自立していく。このように人がその社会の成員として必要な文化を身につけて一人前の成員になっていく過程を「社会化」（socialization）という。子どもにとって家族はまず一次的社会化（乳幼児期に受ける最初の社会化。二次的社会化は，すでに社会化されている個人をその人が属する社会という客観的世界の新しい諸部門へ導入する社会化）を受ける運命的な場である。他の哺乳類とちがって未熟で無力に生まれてくる人間の子どもをポルトマン（Portmann, A.）は，約１年の「生理的早産」で生まれてくるようなものだと述べたが（高木正孝訳『人間はどこまで動物か』岩波新書，1961年），それは同時に人間の新生児が大変可塑性に富んでいることを意味する。したがって生まれた家族でどのように育てられるか，それがその子どもの方向づけをすることになる。子どもが生まれ育つ家族を「定位家族」（family of orientation）と呼ぶのもこのよう

> **🔑 重要な他者（significant others）**
> 　意味ある他者とも訳される。社会化の過程で重要な影響力をもつ具体的な人物。個人が態度や判断をきめるとき，その人にとっての重要な他者の価値観・規範を取り入れることになる。幼少期には両親が重要な他者であるが，長じるにつれて，友人，教師，職場の同僚，そして配偶者等へと変化していく。

な理由による。

　家族の中で子どもを社会化する役割を担うソーシャライザー（socializer；社会化のエージェント）はまずは親である。親は社会に受け入れられる行動のしかた，ものの考え方を家庭でしつけていく。子どもは親に認められるような行動をすればほめられ，その反応が持続的に作用してやがて適切な行動がとれるようになっていく。子どもにとっては「重要な他者」としての親の期待に応えることが視野にあるが，しかし，しつけを通して学習する価値や規範は親の背後にある全体社会の価値・規範でもある。このように，子どもは，親をはじめとする家族との相互作用の中で，どのような場合にどのように行動するのが妥当なのかを学習しながら社会の文化を身につけることによって社会に受け入れられるメンバーになっていく。

　こうして家族という環境がその子どもにとって大きい影響力をもつことをまず確認しておこう。そして家族がこのように社会化の重要な役割を担っていることによって社会が安定して存続していくという視点をももつ必要がある。しかし子どもたちが育っている今日の家族はさまざまな側面で変化している。家庭での子育てに注目が集まっているのは一体なぜなのかを理解するためにも，次項では，家族状況を統計等に基づいて把握してみよう。

2　家族の現状―環境としての家族状況

世帯の家族類型

　子どもたちはどのような家族の中で育っているのか，家族の全体像を把握

第1章　日本の家族と子どもの生活

表1-1　一般世帯の家族類型別割合の推移　　　　　　　　　　（％）

	（総世帯数）	親族世帯					非親族世帯	単独世帯
		核家族世帯				その他の親族世帯		
		夫婦のみ	夫婦と子供	男親と子供	女親と子供			
1985年	100.0 (3,798万)	13.7	40.0	0.9	5.4	19.0	0.2	20.8
1995年	100.0 (4,390万)	17.4	34.2	1.1	6.0	15.4	0.3	25.6
2005年	100.0 (4,906万)	19.6	29.9	1.3	7.1	12.0	0.5	29.5
2010年	100.0 (5,184万)	19.8	27.9	1.3	7.4	10.2	0.9	32.4
（2010年再掲）								
6歳未満の親族のいる世帯	100.0 (4,877万)	－	80.0	0.3	4.5	16.0	0.3	0.0
18歳未満の親族のいる世帯	100.0 (1,199万)	0.0	69.4	1.0	9.5	19.4	0.4	0.3

資料）　総務省統計局「国勢調査報告」より作成

する。5年おきに実施される国勢調査で人口や世帯についての全数調査が行われている。世帯とは住居と生計を共にしている人々の集まりを指すが，その世帯を家族類型で区分して捉えているデータがある。これがまず，子どもが育つ家庭環境を物語っている。日本の総世帯数を100とすると核家族世帯の合計は，2010年には56.4％を占める。その内訳は表1-1のとおり。「夫婦のみ」世帯19.8％，「夫婦と子供」世帯27.9％，「男親と子供」世帯1.3％，「女親と子供」世帯7.4％である。三世代家族をその中に含む「その他の親族世帯」は10.2％，そして単独世帯が32.4％を占め，注目を集めている。両親と子ども二人という，いわゆる標準世帯（税金や福祉の制度設計などの際にモデルとされる世帯）は，今や決して"標準"ではないことが，「夫婦と子供」世帯の割合の減少から理解できる。

　しかし子どもが育つ家庭には単独世帯はないので割合は変わってくる。「6

歳未満の親族のいる世帯」について再掲してあるのが表 1-1 の下半分である。6 歳未満の子どもが育てられている世帯については 80.0％と圧倒的に「夫婦と子供」世帯が多いことがわかる。18 歳未満の親族のいる世帯の場合も 69.4％が「夫婦と子供」世帯となっている。就学前の幼児と小・中・高校生がいる家庭に絞ると，核家族世帯が 7，8 割という多数を占めるのである。

　経年の推移に注目してみると，ひとり親と子世帯（男親と子供＋女親と子供）の割合の増加が注目される。1985 年 6.3％，1995 年 7.1％，2005 年 8.4％，2010 年 8.7％と，じわじわと増えてきた。6 歳未満の親族のいる世帯についても「ひとり親と子世帯」は 2010 年に 4.8％であるが，1985 年を調べると 2.1％であったから倍以上になっている。このように核家族世帯が多く，なかでもひとり親家族世帯が増えてきたことが注目されるのが，子どもの育つ家庭の現況である。

世帯平均人員の減少―小家族化

　一般世帯（施設等でなく普通の住宅に暮らす人々）の平均人員数の推移をみると，国勢調査が始まった 1920（大正 9）年に 4.89 人，1940 年 4.99 人，1960 年 4.54 人，1980 年 3.25 人，2000 年 2.70 人，そして確定値がでている 2005 年は 2.58 人と，減少の一途をたどってきた。2010 年の国勢調査でも 1 人世帯が 1679 万世帯と最も多くなっている（図 1-1）。家族の小規模化と呼ばれる現象である。しかし湯沢雍彦は世帯人員数データをみて，複数で暮らす人が減少したと思うのは錯覚だという（湯沢雍彦・宮本みち子『新版 データで読む家族問題』日本放送出版協会，2008 年）。確かに世帯数では 1 人世帯が最も多いが，人員数を見ると，4 人世帯で暮らす人が最も多い（図 1-1 参照）。

　さらに湯沢は，世帯の縮小傾向の中で三世代世帯，すなわち子どもにとっての祖父母が同居する家族，は大きく減少していると思われがちだが，そうでもないことを指摘する。世帯数でなく人員数に注目すると違う側面がみえるというのである。三世代世帯の数は，1980 年に 522.4 万世帯，1990 年に 494.1 万世帯，2005 年には 445.0 万世帯へと減少してきたが，その平均人員

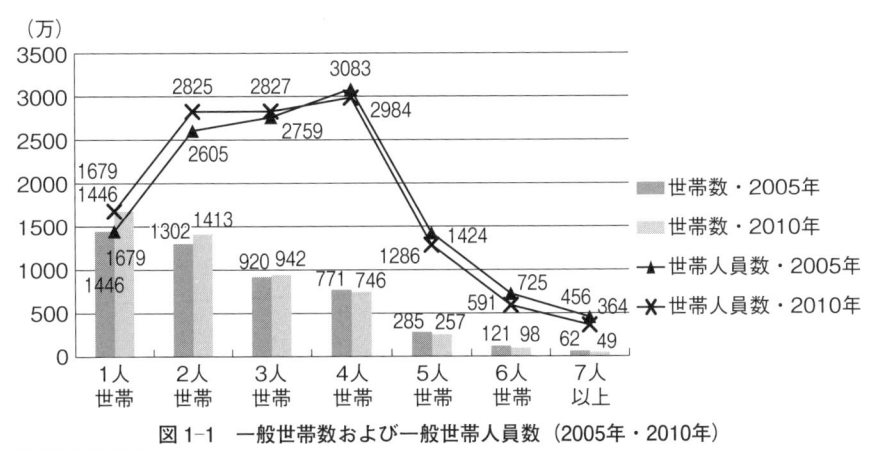

第1章　日本の家族と子どもの生活

(万)

図1-1　一般世帯数および一般世帯人員数（2005年・2010年）
資料）国勢調査

数から計算すると，2,317万人が三世代世帯の中で暮らしていることになり（2005年時），この数は単独世帯の人員より1.6倍も多いという。そして「三世代世帯は親族世帯の中心をなすものだが，ここに直系家族の伝統がよく残っている」と述べている（湯沢・宮本，前掲書，24頁）。直系家族とは長男が自分の親と同居する家族形態である。「子どもの立場からみると，4人に3人は核家族の中にいるが，4人に1人は三世代の中で育っている。三世代の家族は近親者の直接援助が期待できることからいって，なお重要な存在形態といえるであろう」という。2010年国勢調査結果が出ているので，みてみよう。三世代世帯は365.8万世帯，人員数は18,627,844人。一方，単独世帯人員は16,784,507人であるので，三世代世帯人員は単独世帯人員より1.1倍しか多くない，ということになった。2005年調査時よりも三世代世帯人員は減少し，単独世帯人員が増えたためである。日本の家族の特徴は確実に変化しつつある。今後の動向をそれぞれに注目していきたい。

少子化・高齢化

　何人きょうだいで育つ子どもが多いのだろうか。第13回出生動向基本調査（2005年，国立社会保障・人口問題研究所）が出している完結出生児数（結婚持続

13

期間15～19年夫婦の平均出生子ども数。夫婦の最終的な出生子ども数とみなされる。）をみると，2人56.0％，3人22.4％，1人11.7％，0人5.6％，4人以上4.3％の順となっている。過半数は2人きょうだいであることがわかる。一人っ子の割合は1982年9.1％，1987年9.6％，1992年9.3％，1997年9.8％，2002年8.9％，そして2005年の11.7％へと推移してきた。2005年にはぐっと増加している。

　少子化を表す代表的な指標である合計特殊出生率の低迷状況や年少人口（0～14歳人口）の割合の低下は，子どもの日などによくマスコミでも取り上げられるので周知のことと思う。両データともに子どもが少なくなったことを伝えている。少子化をもたらす要因は晩婚化・晩産化である。結婚年齢は年々高くなり初婚者の平均年齢は2008年には男性30.2歳，女性28.5歳と，過去最高値を示した。これが少子化につながっている。少ない子どもが親の視線を全身に浴びて育っているのが今の家族の状況である。

　話は少し逸れるが，なぜ結婚が遅いのかに触れておこう。前近代の結婚は家・家産の継承と労働力の確保のために必要な制度的結びつきであり，社会の圧力に促されて結婚へと進んだという事情がある。それに対して近代の結婚は，経済的必要性はほとんど消え去り情緒的結びつきが重視され，結婚すべきという周囲の圧力や規範は後退する。結婚は自分たちで選択するものとなったのである。さらに今日の状況を考えると，女性が家族形成と自分のキャリアとの両方を達成しようとすると，まださまざまな困難にぶつかり，そのためにやむを得ず晩婚，晩産につながっていくという状況も理解しておく必要がある。

　少子化の一方で高齢化率（65歳以上の人口比率）は2010年に23.1％を示し，日本は「超高齢社会」へ突入している。「少子・高齢社会」が日本の現状である。そうした中で，子どもたちは高齢者と一緒に暮らしているかという点について，日本の高齢者が子どもと同居する割合のデータから捉えてみよう。厚生労働省の「平成22年　国民生活基礎調査の概況」（2010年）によると，65歳以上の人を家族形態別にみると，「子と同居」の割合は1986年

64.3％，1998年50.3％，そして2010年には42.2％と漸減しているが，それでも「夫婦のみ」（37.2％）や「単独世帯」（17.5％）よりは多い。内閣府「第7回高齢者の生活と意識に関する国際比較調査」（2010年度）によると子の配偶者と同居している高齢者の割合は，日本12.8％，韓国13.3％，アメリカ2.5％，ドイツ0.8％，スウェーデン0.1％である。湯沢は日本の高齢者の家族類型はアジア型であるとしている。子どもたちが育つ家庭環境は欧米と比べた場合には，祖父母との同居が多い，ということはいえそうである。

家庭の経済構成—親の働き方

子育てに影響する家庭状況のひとつに親の労働状態がある。日本は経済成長を経て産業構造が変化し，第三次産業，第二次産業就業人口が多数を占めるようになっている。雇用労働者（サラリーマン）としての働き方をする親が圧倒的に多いのである。今や第一次産業（農林水産業）就業者の割合は4.0％（2010年）と，少なくなった。この数字が1953年には39.8％であったことを考えるといかに大きく変化したかがわかる。この変化は子育て生活を根底から変えることになる変化である。ちょうど19世紀の産業革命が大人を工場に引き出して，それまでの第一次産業時代に親の働く場所，すなわち

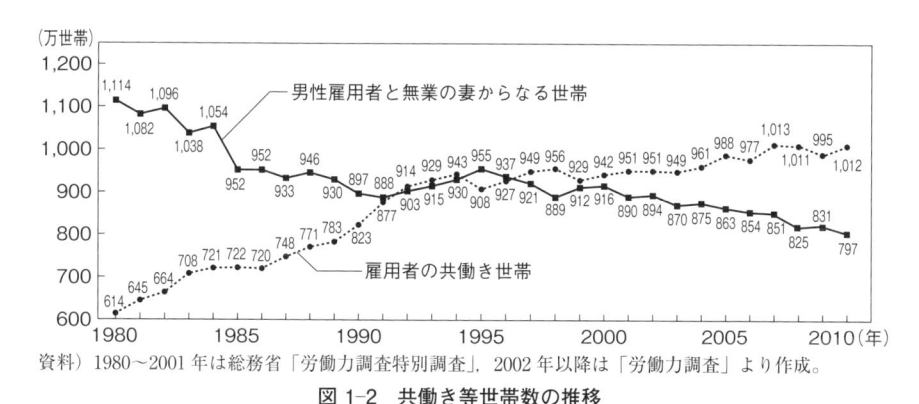

図1-2 共働き等世帯数の推移

出所）内閣府『男女共同参画白書 平成23年版』2011年

家庭の周辺で子どもたちが育てられていた状況を変えてしまったのと同様の変化が大規模に起こる。大人は家庭外の職場へ昼間働きに行き，夕方帰宅する。昼間，学齢期の子どもたちは学校へ行くが，乳幼児の子育ては困難になる。

しかも共働き家庭が増えたことが近年の特徴である。図 1-2 は共働き等世帯数の推移を示しているが，1980 年代には多数派であった「男性雇用者と無業の妻からなる世帯」すなわち専業主婦のいる世帯は減少していき，1990 年代に逆転し，年々共働きの雇用者世帯が多くなっていることがわかる。

では，小さい子どものいる世帯はどうなのだろうか。労働力調査特別調査（総務省統計局）で 1999（平成 11）年と 2009（平成 21）年を比べてみる。末子の年齢が 4〜6 歳の世帯の母親の就業状況をみると，この世帯を 100 として，非農林業雇用者として母親が働く世帯は 1999 年に 38.5％（週 35 時間以上は 15.4％）であったが，2009 年には 49.4％（週 35 時間以上は 18.0％）に増えている。末子の年齢 13〜14 歳の世帯でも，55.9％（週 35 時間以上 24.6％）→ 65.2％（週 35 時間以上 29.2％）が，母親が非農林業雇用者として働いている。こちらも増えている。末子の年齢が低いほうが働く母親の割合は低いが，それでも年々変化し，子どもが小さい内は働かない母親が多かった状況は今や，かなり変わってきているということをデータは物語っている。

父親の状態を探るために労働時間をみてみよう。法定労働時間は 1987 年の労働基準法改正で週 40 時間となり，厚生労働省の就労条件総合調査（本社の常用労働者 30 人以上の民営企業対象）でも週・所定労働時間（2010 年）は一人平均 39 時間程度であり，時系列データを見ても減少してきている。さらに同調査で，完全週休 2 日制の企業は 37.7％，その他の週休二日制 49.3％を含むと 87.0％が何らかの週休二日制となっている。かつて諸外国から非難された"働き過ぎ"の状況は，景気低迷という喜べない状態と関係しているとはいえ解消されているかに見える。しかし NHK 国民生活時間調査によって有職者の仕事時間を捉えた湯沢・宮本によれば，男性では 1995 年を境に減少から増加に変化しているという。すなわち平日・1 日の仕事時間は 1985 年に 8 時間 30 分，1995 年には 8 時間 11 分に減るが，2005 年には 8 時間 30

分に戻っている。平日に10時間以上働いている人を調べると女性では未婚者の多い20代だが，「男性では子育て世代である30代，40代が際立っている」という気になる報告もある (湯沢・宮本，前掲書)。子育て世代の30代，40代は非正規労働者比率が低く，フルタイムで働く父親が多い。労働時間の長さはその現れではあるが，この世代こそ「ワーク・ライフ・バランス」すなわち仕事と生活が調和した生き方ができることが必要とされる世代だと思われる。この面から考えても2章でとりあげる子育て支援社会の構築は急務なのである。

3 家族の変化と子どもの教育

　前節では，子どもたちが育つ家族環境を世帯の構成や規模，さらに親の労働状態などのデータに基づいて概観した。そこで見いだされたのは，子どもを取り巻く家族の変化である。そしてその背後には家族についての意識の根底からの変化があることがうかがえる。たとえば，ひとり親家庭が増えつつあること，少子化していること，共働きが多くなっていることなどはいずれも家族についての意識の変化の結果ともいえる。この点を考察してみよう。

家族と家族意識の変化——夫婦関係と親子関係

　前節の「世帯の家族類型」でも触れたひとり親世帯の増加と関連する問題を取り上げてみたい。家族の変化と子育ての問題を考える際に避けて通れない問題に離婚率の推移がある。数値を確かめておこう。人口千人当りの離婚件数を表す普通離婚率は，明治期には高かった (最高値 3.39)。第二次世界大戦後は，戦争直後の混乱期を除いて低下してきていたが，1988年から増え始め，2002年には戦後最高値の2.30を示した。2010年には1.99となっている (巻末の付表5参照)。　諸外国の離婚率をのぞいてみると，ロシア4.5 (2010)，韓国2.5 (2009)，ドイツ2.3 (2010)，イギリス2.2 (2008確定値)，フィンランド2.6 (2010)，スウェーデン2.5 (2010)，スイス2.5 (2009)，オース

トラリア 2.3（2009）などとなっている (UN, 2009-2010 United Nations Demographic Yearbook, 2011)。これらに比べると日本は低い方ではあるが，実感としては今や，離婚は日常見聞きするようになって，小中学校のクラスには親の離婚を経験している子どももめずらしくない時代となっている。教師の立場としてはこのような家族の変化をきちんと考察することが必要となる。

　家族の変化を夫婦関係と親子関係という2つの関係から説く渡辺秀樹の説明をみてみよう。家族内には，夫婦関係と親子関係という2種類の関係がある。夫婦関係は選択された関係であり，関係は宿命ではなく変更可能である。もう一方の親子関係は血縁のある宿命的な関係である。この異なる関係を共存させているのが家族であり，「この意味で，家族には根源的な不安定性がある」と渡辺はいう（柴野昌山他編『教育社会学』有斐閣，1992年，132頁）。しかしこの不安定性はあまり表面化しなかった。それは近代の家族が子ども中心主義，したがって親子関係の原理が優先される規範をもっていたからである。近代家族は「教育家族」という特徴をもつことを後で述べるが，これもまさに子ども中心の規範をもっている。日本の直系家族の規範も親子関係優先という特徴をもっていた。「親子関係の原理が優先され，夫婦関係規範はそれに調和するように規定された。たとえば〈死が二人を分かつまで〉という結婚についての永続性規範や，〈子はかすがい〉という親子関係優先規範は夫婦関係の基本的な性格が顕在化することを押しとどめてきた。」と渡辺は説明する（柴野他編，前掲書，132頁）。ところが，これらの傾向が近年変化してきたのである。とくに離婚の増加はその変化の現れである。夫婦関係の規範がより優先される状況になって親子関係優先の規範が揺らいでいるということである。「夫婦の始まりが選択なら，選択による終りもありうる」わけで，夫婦関係はもう親子関係にひきずられなくなって破綻が「選択」される。そこまで家族が，そして家族意識が変化したのである。

　この変化は少子化をもたらした晩婚化，非婚化にもつながっている。すなわち親子関係優先規範の衰退から説明することができる。少ない子ども数の選択，結婚しないことの選択も，親子関係優先規範が強ければ違う選択にな

るかもしれないからである。

　いずれにせよ，子どもにとってはこの変化は大問題である。親のニーズは充足されても子どもの，安定した家庭内の人間関係が突然切られて別の関係をもつことを強制されることもある。親子関係と夫婦関係の，かつての調和がもう不可能とすれば，新たな家族の機能を広く求める必要がでてくる。どのような解決法があるだろうか。たとえば渡辺は，「マルティプル・ペアレンティング，すなわち母親のみ（あるいは両親のみ）に限定されない多様な保護・養育者を，家族システムの単純化や離婚・再婚の増大という現状の中で意図的に用意することが課題となってきているのである。それは家族・親族ネットワークの中だけでなく，地域や（費用負担を介した）市場や公的機関や施策を通して，様々に求めるべきものであろう。」という（柴野他編，前掲書，136頁）。複数の，多様な養育者による育児は前近代の村落社会でも存在していたし，助け合いや共同の育児も含めれば日本の社会でも沢山存在していた。その新しいかたちだともいえる。さまざまな立場の人々によって議論され，検証され，考究されるべき課題である。

家族への期待の大きさ
　以上のように家族が変化している中で，つぎのようなデータがある。統計数理研究所が長年実施してきた「日本人の国民性調査」に，「あなたにとって一番大切なもの」をあげてもらう質問があるが，「家族」という答がどんどん増えてきて群を抜いて多くなっているという（坂元慶行「日本人の国民性50年の軌跡」総計数理研究所『統計数理』第53巻第1号，2005年）。図1-3のとおり，「家族」は1968年までは10％にすぎなかったが，1970年代以降増え始め，2003年には45％に達している。「生命・健康」や「愛情・精神」等，もう少し増えてもよさそうな項目は動かないのに対して「家族」だけが増え続けている。家族が変化し，脆弱さをさらし，破綻しやすくなるのと反比例するかのように「家族が大切」が増えている。坂元は同調査の他の質問でも親子が依存し合う心情が時代とともに増えたことを指摘している（坂元，前掲，8頁）。

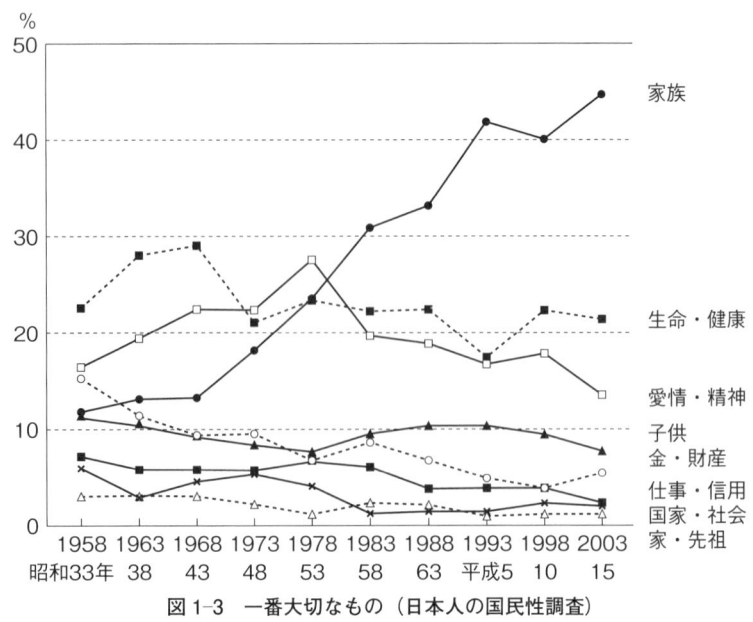

図1-3 一番大切なもの（日本人の国民性調査）
出所）坂元慶行「日本人の国民性50年の軌跡」統計数理研究所『統計数理』第53巻第1号，2005年

内閣府の国民生活選好度調査（「これからの次世代育成」2005年）では，子育ての手助けを頼る相手は第一に「自分の親」（69.9％）であり，第二に「配偶者の親」（40.2％）と続き，これらは「公的な子育て支援サービス」（26.9％）を遙かにしのぐ。身近な家族が一番頼りになる，そして大切な存在なのである。それだけになおさら家族が壊れることには強い不安がつきまとい，問題が生じることになる。こうして家族の実態も意識も揺らぎながら，しかも旧来の絆に依拠する期待が根強い中で，困難な課題に私たちは直面している。

家庭教育に集まる注目

教育基本法が約60年ぶりに改正されたのは2006（平成18）年12月22日であった（法律第120号として公布・施行）。これを受けて学校教育法，地方教育行政の組織及び運営に関する法律，教育職員免許法及び教育公務員特例法が

改正されるなど，教育変革の動きが続いた。今日の家族と子どもの教育を考える視点からは，教育基本法第十条に新たに「家庭教育」の条文が付け加わったことが注目される（巻末資料参照）。それまでの教育基本法には家庭教育についての独立した条文はなかった。それに対し，第十条に「父母その他の保護者は，子の教育について第一義的責任を有するものであって，生活のために必要な習慣を身に付けさせるとともに，自立心を育成し，心身の調和のとれた発達を図るよう努めるものとする」という条文が新たに追加された。子どもの教育にとっては親が第一義的に責任をもつべきものである，として家庭教育の重要性を明確に規定したのである。しかも「生活のために必要な習慣を身に付ける」こと，「自立心を育成する」こと，「心身の調和のとれた発達を図る」こと，といった具体的内容を明記したうえで，これらをしつけるのは家庭の責任，としている。これを受けて具体的な策定が始まっている。2011年5月に「家庭教育支援の推進に関する検討委員会」が設置されたが，その設置要綱（生涯学習政策局長決定）には，「社会全体の動向を踏まえた家庭教育支援のあり方について，国として一定の整理を行い，示していく必要がある」としている。今後，これまでの「早寝早起き朝ごはん国民運動」を含む家庭教育支援策を検証・評価しながら，より具体的な施策が展開されることになっている。

　なぜ家庭教育支援が必要になったというのだろうか。それを知ることは国の（社会の）家族観，家庭観，親の役割観等を知ることにつながる。設置の趣旨によると，「都市化，核家族化等による地域とのつながりの希薄化や，親が身近な人から子育てを学ぶ機会の減少など，家庭教育を支える環境が大きく変化する」なかで家庭教育を支援する必要が生じている，とし，「その促進にあたっては児童虐待の増加など，家庭をめぐる問題の複雑化や，少子化といった喫緊の社会的課題を踏まえる必要」があると述べる。望ましい家庭教育ができない親が多いことが心配されるので，家庭教育支援に踏み切ろうとしているかのようである。いわば家庭の教育力の低下がみられるので，親こそが教育の責任者なのだということを自覚して家庭教育にあたってもら

いたい，という国の方針が述べられている。

　ところで，家庭の教育力は本当に低下しているのだろうか。この問題は家庭教育への政策的関心が高まる中で，研究者によっても取り上げられてきた。子育てについての調査も積み重ねられている。それらをみると，教育やしつけに熱心な親たちの姿が浮かび上がる。たとえばベネッセ教育研究開発センター「子育て生活基本調査」は幼児版（1997年から），小中学生版（1998年から）に分けて数年おきに，すでに幼児版は3回，小中学生版は4回実施されているが，母親の子どもに向けての視線や教育への熱意は強くなっている。

　本田由紀は家庭教育への関心を雑誌記事，新聞記事の数と内容から探っている。「家庭」と「教育」という言葉を含む記事数の推移を1985年以降について調べると，90年代中頃を境として明らかに増加していることを見い出した（本田由紀『家庭教育の隘路―子育てに強迫される母親たち』勁草書房，2008年）。してその内容は，知的な面での子どもの能力の伸長や，それに向けての動機づけ，それらを通じた他の子どもとの差異化がテーマとなった記事が多いという。一般の社会的関心の焦点は子どもの「選抜」（における成功）に置かれていて，単によき社会人になってほしい，というような関心ではないということに注目している。その背景には「90年代以降の日本の「選抜」が80年代以前におけるように「受験学力」的な知的能力に特化したものではなく，意欲や関心，さらには「人間力」的なものまで幅広く含むものへと変化しつつある」ことが存在する，とみている（本田，前掲書，13頁）。本田はすでに別の著書で社会が必要とする能力の変化を説いているが，「新しい学力観」に移行している学校教育を考えると，教師の立場としては関心をもつべき問題である（本田由紀『多元化する「能力」と日本社会―ハイパー・メリトクラシー化のなかで―』NTT出版，2005年）。【コラム「ポスト近代型能力」参照】

　こうみてくると「家庭の教育力」が低下しているというのは必ずしもあたらないことになる。ただし，家庭における親の子どもに対する関心が，「選抜での成功」に子どもを導こうとする関心（これは受験準備教育への関心となる）に焦点化されていることは問題がないわけではないが，大変熱心に子

> ## ポスト近代型能力
>
> 　産業革命が導いた近代という時代を越えて私たちはその次の時代，ポスト近代へと足を踏み入れている。近代は身分・家柄によって選抜されるのではなく本人が達成した業績によって選抜される社会である。ではポスト近代にはそれはどうなるのか，というテーマである。本田由紀は業績主義がより強力になった今日，社会が求める能力を「ポスト近代型能力」と名づけて次のように説明する。「近代型能力」が標準化された知識内容の習得度や知的操作の速度など，いわゆる「基礎学力」であるのに対して，「ポスト近代型能力」とは，「文部科学省の掲げる「生きる力」に象徴されるような，個々人に応じて多様でありかつ意欲などの情動的な部分—「EQ」！—を多く含む能力である。既存の枠組みに適応することよりも，新しい価値を自ら創造すること，変化に対応し，変化を生み出していくことが求められる」(『多元化する「能力」と日本社会—ハイパーメリトクラシー化のなかで』NTT出版，2005年，22頁)と述べている。したがってその達成の仕方も勉強をこつこつと積み上げれば何とかなる，というような基準が明確にあるものでは，もはやない。それは成長過程における日常的・持続的な環境要件によってきまる部分が大きいと考えられ，したがって，「ポスト近代型能力」の形成にとっては，「家庭環境という要素がおそらく重要化するということを意味している」という。家庭でのしつけ・教育に絡んでくる重要な問題である。
>
> 【木村敬子】

どもの教育に関わろうとしていることは確かである。しかし母親による子育て関心は決してそれだけではない。子どもの自発性を重んじてのびのびと育てたい，外で十分に遊ばせたいという要求も同時にもっている。その葛藤に揺れているというのが実情であろう。そしてこの葛藤は「教育家族」が誕生した頃からすでに生じていた葛藤でもある。最後にこの，「教育家族」について考えてから再びこの問題に戻ろう。

「教育家族」はどこへ

　私たちは親が熱心に子育てをし，子どもの教育に責任をもつ，そのような家族のかたちをいつの時代にも共通の普遍的なものだと思いがちである。と

ころがこのような特徴は近代の家族に特徴的なものであり，前近代の家族の様相はかなり異なるものであったことが今ではよく知られている。たとえばアリエス（Ariés, Philippe : 1914-1984）は『〈子供〉の誕生―アンシャン・レジーム期の子供と家族生活』(杉山訳，みすず書房，1980年，原著は1960年) の中で，社会史の手法を用いて，子どもが大人と区別される存在として意識されるようになるのは近代になってからであることを明らかにした。そして家族が成員の情緒充足の機能をもつものとして期待されるようになるのも近代になってからであることを描き出している。さまざまな議論や批判もなされてはいるが，この研究は，家族の相対性，すなわち家族は変わりうるものとして認識させる画期的なものであったと位置づけられる。

さて，「教育家族」が日本に誕生したのは，産業革命を経て新中間層が生まれた大正時代 (1912～1926) である。新中間層とは大正期以降，都市部を中心に，官公庁・企業など近代的組織が発達したことにともなって，このような組織に雇用される専門的・技術的・管理的職業層を指す。サラリーマン・専門職・教師などの職業で，高給を得て，妻は専業主婦となった家族である。新中間層は，旧中間層（地主・自営農・自営商工業者等）とちがって子どもに相続させる家産はもたない。そこで社会的地位を継承させるために不可欠な手段として子どもの教育に熱心になる。こうして「教育家族」が登場することになる。新中間層は，1920年代当時はほんの数％を占めるに過ぎなかったといわれる (高橋一郎「新中間層と教育」竹内洋編『学校システム論　子ども・学校・社会』放送大学教材，2002年)。それが戦後の高度経済成長期を経て1970年代には社会全体に広がっていった。

「教育家族」とは，「明確な性別役割分業を前提にして，親（特に母親）こそが子供の意図的な教育の責任を負っているという意識を持つ」家族である(広田照幸『日本人のしつけは衰退したか』講談社現代新書，1999年)。また当時の農村や都市下層の家庭での教育が，地域の近隣や親族のネットワークにしつけや教育を頼っていたのと異なり，親（特に母親）自身が教育に携わるという特徴をもつ家族でもある。

この教育家族,すなわち「新中間層の教育に対する関心は,相互に矛盾・対立する三つの方向を向いていた。それは子どもに寛容であろうとする志向と厳しくしつけたいという志向との間の葛藤や,人格の形成を学校教育に期待したい思いと当面の受験準備を学校に求めたいという思いとの間の親の迷いなど,その後の『わが子の教育方針に関する悩み』の起源ともいうべきものを意味していた。」という（広田,前掲書,63頁）。

　今日,「教育家族」は,親がわが子の教育を専一に担う,という点においても,子どもへの濃密なまなざしをもって教育にあたる,という点でもまさに社会全体に広がっている,ということができる。そして,子どもらしさを重んじて外で遊ばせ,のびのびと育てたいという志向と,受験競争を勝ち抜くための勉強をさせたいという志向との葛藤に悩む点でも似ている。ただ,その社会背景は大きく異なる。社会が人材選抜の際に期待する子どもの能力・学力は,「勉強」だけでなく内面的・人格的な諸特性も含むようになっているため,家庭での育ち方に影響される面が多くなり（本田由紀,2005,2008）,家庭教育に期待されるものは質・量とも複雑化し大きくなっている。他方,母親自身が自らの生き方も重視する時代になった。しつけ・教育の担い手としての役割と自分の職業役割との葛藤は今日の母親の置かれた状況の難しさそのものとなっている。そして前述のように政策的に「家庭教育」への関心がますます強まっている。「教育家族」はもう,家族だけでの教育を超えなければならないところにきているのかもしれない。

考えてみよう

- 「家族」という言葉で浮かぶイメージはどのようなものですか。話し合ってみましょう。
- 親になったら子どもをどのように教育したいと思いますか。
- あなたが小学生の頃,お母さん／お父さんはあなたにどのようなしつけをしたか,思い出してみましょう。

ペアレントクラシー (parentocracy)

　イギリスの教育社会学者フィリップ・ブラウン（Brown, P.）が，1970年代以降のイギリスにおける社会的地位の配分原理として提起した概念である（The 'Third Wave': education and the ideology of parentocracy. *British Journal of Sociology of Education*, 11 (1), 1990.）。家庭の経済力と願望が合わさって生み出された選択が，子どもの社会的成功につながるような社会のこと。

　業績主義という近代の地位配分原理は，前近代社会の，身分や家柄が子どもの将来の地位を決定していたことに比べれば進歩である。なぜなら"生まれ"によらず，がんばって業績を達成すれば誰にでもチャンスが与えられる社会だからである。しかし今，業績の達成に"生まれ"による影響があることが実証的研究で明らかにされるようになった。"生まれ"といっても，身分・家柄ではなく，家庭の環境，すなわち親のしつけ，教育，文化的な背景の総体である。

　日本ではとくにこの問題を重視しなければならない理由がある。それは，教育費の公費負担率がOECD諸国の中でも低く，親の負担が大きいからである。とくに就学前教育段階と高等教育段階においては私費負担割合が高い（これらのデータは平成21年度文部科学白書などでみることができる）。それは親の経済力による差が大きくなることを意味する。結局子どもの教育達成，業績達成は生まれた家庭の経済力や文化的背景の影響を強く受けることになり，それは社会的不平等につながっていく恐れがある。どのようにすればこの不平等を軽減できるか，課題は大きい。

【木村敬子】

第2章

現代の子育てとその支援

●本章のねらい●
子育てに対する社会的支援の必要性が唱えられるようになって久しい。いま子育て支援がなぜ求められるのか。現代日本社会における子育ての現状と，それに対する社会的支援について考える。とくに子育てを支えるネットワークに関して，社会学的知見に基づく課題を明らかにする。

1 子育て支援を必要とする社会

求められる子育て支援

　子育てに対する社会的支援の必要性が唱えられるようになって久しい。雑誌では「子育てに優しい街」をランキング形式で紹介する特集が組まれ，選挙前に各政党が提示するマニフェストにおいても，子育て支援に関する政策は最重要項目のひとつとなっている。子育て支援施策の内容は，住む場所や投票行動の選択において重要な要因となりうるほど社会的関心を集めている。

　2003年の児童福祉法改正によって，子育て支援には法的な根拠も与えられるようになった。もともと児童福祉法は，主として児童福祉施設等における「要保護児童」，またはいわゆる「保育に欠ける」児童対策が中心であったのだが，この改正にともない，法律の目的が「すべての児童の健全な育成を図る」ことに改められるとともに，「地域における子育て支援事業」に関する条項が加えられたのである。

　保育所・幼稚園に対しても地域の子育て支援センターとしての役割が求められている。2001年の児童福祉法改正により法定化された保育士の業務に

は,「児童の保育」に加えて「児童の保護者に対する保育に関する指導」が規定されている。また，2007年の学校教育法の改正では，幼稚園の役割のひとつに,「保護者および地域住民その他の関係者からの相談に応じ，必要な情報の提供及び助言を行うなど」の子育て支援に関する項目が加えられた。もはや保育所・幼稚園のクライアントは，園に在籍する子どもやその保護者だけではない。広く地域の子ども，子育て家庭に視野を広げた取り組みが求められているのである。

現代＝子育てしにくい社会？

ではなぜこれほどまでに子育て支援ということが求められるようになったのだろうか。いまや日本社会全体に「現代社会＝子育てしにくい社会」という共通認識が形成されているようにもみえるが，この認識はいかにして形成されたのだろうか。

目に見える形でこうした認識を裏づける有名なデータとしては,「合計特殊出生率の低下」，および「児童虐待相談対応件数の増加」の2つのデータがあげられるだろう。

「合計特殊出生率の低下」，いわゆる少子化が初めて社会問題となったのは1989年の「1.57ショック」の時であった（巻末付表5参照）。将来人口，とりわけ労働力人口の低下が経済や社会保障に与える影響について危機感が高まり,「エンゼルプラン」「新エンゼルプラン」といった少子化対策が次々と打ち出された。その後,「少子化対策」は,「次世代育成支援」という，より広がりをもった政策名で呼ばれるようになったとはいえ，日本の子育て支援政策が少子化対策として始まったことは周知の事実であり，現在においても，少子化という「問題」が子育て支援を求める議論の背景となっていることは明らかである。

一方，児童虐待の深刻化も，子育て支援が社会的に喧伝されるひとつの根拠となっている。図2-1に示す通り，全国の児童相談所への児童虐待の相談対応件数は年々増加の一途をたどっている。2000年の児童虐待防止法成

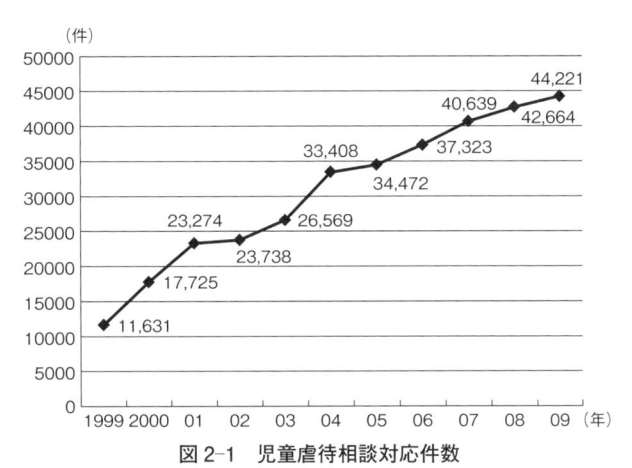

図 2-1　児童虐待相談対応件数
資料）厚生労働省資料より作成

立以降，児童虐待という問題の社会的な認知が高まり，これまで虐待として捉えられていなかった事象も「虐待」というカテゴリーで捕捉されるようになったとはいえ，児童虐待の末の子どもの死亡や虐待を行った親の逮捕などのニュースを見聞きする機会は確実に増え，現代の家庭や社会における子育ての困難さが，虐待という病理につながっているという認識を確かなものにしている。

しかし，実際には，子育てしにくい社会，多くの親たちが子育てに困難を感じる社会への変化はもっと以前から生じていたのではないだろうか。次節では，高度経済成長期までさかのぼって，子育ての変化につながる社会の変化を見ていくことにする。

2　高度経済成長は，子育てをどう変えたか

高度経済成長と家族の変化

日本における高度経済成長期とは，一般的に1950年代後半から1970年代前半までの約20年間のことをいう。「経済成長」の名が示すように，一面で

はそれは，日本経済が飛躍的な発展を遂げ，日本国民の暮らしが全般的に豊かになったことを指すが，もう一面では産業構造の変化，つまり，日本の産業人口の多くを占めていた第一次産業に従事する者の割合が急激に低下したことを指す。そしてこの産業構造の変化は，自営から被雇用者（サラリーマン）へという人々の働き方の変化をもたらし，工場や会社の集まる地域，すなわち都市への大規模な移動（都市化）をもたらした。

こうした変化にともない，家族にも大きな変化が見られた。都市へ移動した若者の核家族形成を背景に，核家族・単身家族が日本の代表的な家族形態となった。また，家庭内での性別役割分業が進み，「専業主婦」が普及したのもこの時期である。自営がほとんどの第一次産業においては，既婚であっても子育て中であっても，女性は重要な労働力として位置づけられており，家事や子育てと同時に生産活動にも従事していたが，そのことは同時に，女性だけが24時間家事や子育てを担っていたわけではないことも意味する。しかし高度経済成長期に「サラリーマン」と対をなすものとしてあらゆる階層に普及した「専業主婦」は，初めて家事や子育ての責任のほとんどすべてを24時間専業で担うことになったのである。

一方，広田照幸は，『日本人のしつけは衰退したか』（講談社現代新書，1999年）の中で，家庭が子育てや子どものしつけの第一義的な責任を担う存在として一般的に認知されるようになったのも高度経済成長期以降であると指摘している。第1章でみたように，子育てや子どもの教育の責任が家庭にこそあると考え，濃密な教育的なまなざしで子どもと関わる「教育家族」は，高度経済成長期の被雇用労働者層の拡大とともに日本全体に普及した。今日見られる家庭教育や家庭における子どものしつけへの社会的関心の高まりは，ここに起源をもつのである。

人口学的特徴からみた家族の変化

また，人口学的な見地から高度経済成長期前後の子育て環境の変化を指摘したのは，落合恵美子である（落合恵美子『21世紀家族へ［第3版］』有斐閣選書，

2004年)。落合は，日本の高度経済成長期に形成され，それを支えた家族，すなわち1960年代に結婚し，子どもを産み育てた家族（「1960年代家族」）の人口学的特殊性に注目した。この「1960年代家族」は，「家族の戦後体制」（落合，前掲書）を確立し，「日本型社会福祉」と呼ばれる日本の福祉政策や年金・課税システムにおいてモデルとなるだけでなく，人々に対し規範的な家族のあり方を示すものにもなったとされている。その後1970～80年代になって，家族の問題が噴出し，家族の子育ての困難が伝えられたときにも，この「1960年代家族」と比較する形で「家庭の教育力の低下」が問題化される側面があった。「1960年代家族」にのみ注目すると，高度経済成長期に誕生した新しい家族は，経済成長を牽引する夫を支えつつ，子育てにおいても十分な機能を果たしうるものに見えたからである。

　しかし，新しい家族が子育てにおいて機能していたのは，「1960年代家族」に人口学的にみて非常に特殊な状況が存在したからだと落合はいう。人口学の知見は，一般に，近代化の進行とともに，多産多死社会から，多産少死社会を経て，少産少死社会への移行が生じることを明らかにしてきた。そして，後発近代化国家である日本においては，この移行が非常に速いスピードで進行したことが知られている。落合が注目した「1960年代家族」は，人口学的にみると，この急速な人口構造の変動の中でごく短期間だけ存在した，多産少死型の家族であった。つまり「1960年代家族」は，非常にきょうだいが多いという特徴をもっていた，というのである。

　そして「1960年代家族」は，このきょうだいという親族ネットワークを子育てに大いに活用した。都市化＝地域社会の崩壊や核家族化という急激な社会変化にもかかわらず，この時代，家族や子育てをめぐる問題が顕著とならず，彼らが戦後のモデル家族となり得たのは，こうした親族ネットワークの子育てへの活用があったからだと落合はいう。しかし，初めて少産少死世代が子育て・育児に突入した次の世代の家族たちは，もはや地域ネットワークも親族ネットワークも活用することができなかった。そして時を同じくして，家族をめぐる問題が頻発し，母親たちからのSOSが報告されるように

なるなど，日本の家族の子育てが困難を抱えていることが明らかになってきたのである。

　これらの研究が示しているのは，高度経済成長期以降の家族，とりわけ母親は，子育てにおいて，いまだかつてない大きな責任を担わされている，ということである。歴史上のどの時点においても，地域ネットワークにも親族ネットワークにも頼ることなく，核家族だけが，あるいは母親だけが子育ての責任を担っていた時期はない。家族だけ，母親だけが子育てを担うことにはもともと無理があると考えるべきなのではないだろうか。

育児不安研究が明らかにしたこと

　さて1970年代以降，家族や子育てをめぐる問題が頻発する中で，次第に母親たちが子育てにおいて，大きなストレスや不安，恐れを抱えていることに注目が集まるようになっていった。そうした育児期の母親が直面するネガティブな心理状態は「育児不安」と名づけられ，その存在を確認する多くの実証研究が行われた。同様の心理状態は，他に「育児疲労」「育児（関連）ストレス」などの言葉で心理学・社会学・保健学などさまざまな分野でも研究されるようになったが，それまで家族や子育てをめぐる問題において，問題の「原因」として非難されることの多かった母親が，「育児問題を体現する主体」として位置づけられるようになったことは大きな視点の転換であったといえる（山根真理「育児不安と家族の危機」清水新二編『家族問題─危機と存続』ミネルヴァ書房，2000年）。

　育児不安とは，その実証的研究の第一人者である牧野カツ子によると，「子どもや子育てに対する蓄積された漠然とした恐れを含む情緒の状態」と定義される，「いわゆる健康な育児行動を阻害するような一種の"負荷事象"」であるという（牧野カツ子「乳幼児をもつ母親の生活と〈育児不安〉」『家庭教育研究所紀要』3，1982年）。その強さは，「毎日くたくたに疲れる」「子どもがわずらわしくて，イライラしてしまう」といった疲労・ストレスの程度に関する項目や，「子どものことで，どうしたらよいかわからなくなる」「子どもをお

いて外出するのは，心配でしかたがない」といった子育てや子どもに関する不安の程度に関する項目などから成る尺度によって確認される。

　牧野らによる育児不安研究は，現代の育児期の女性が全般的に育児不安にさらされていることを明らかにしたが，それと同時に，育児不安の強さと関連する，すなわち，育児不安の強弱を左右する要因は何かということも明らかにしてきた。そして，その中でとくに大きな影響をもつのが，「父親（夫）の育児参加」と「母親のもつ社会的ネットワーク」という2つの要因であった。

　「父親（夫）の育児参加」とは，文字通り，子どもの父親である夫が育児にどれだけ参加しているかということであるが，実は，父親が実際にどの程度家事・育児に参加しているか，あるいは家事分担についてどのような意識をもっているかということよりも，母親が父親の育児参加についてどのように評価・認識しているか，平たく言えば，母親が父親の育児参加について満足しているかどうかが育児不安においては大きく関係しているとされている。育児不安を夫婦関係との関連で捉える必要があることを，これらの知見は示唆している。

　2つめの「母親のもつ社会的ネットワーク」とは，母親のもつ人間関係の広がりのことである。子育てにおいては，地域ネットワークや親族ネットワークが活用されてきたことを前述したが，そうした子育てに関するネットワークはもちろんのこと，母親が子育て以外の部分で社会とどう関わっているかも育児不安の程度を規定する重要な要因となっていることが明らかになっている。また，このことを母親のアイデンティティという観点から捉えると，育児期の女性が母親や妻といった役割を離れる時間や場をどれだけもっているかという問題につながるが，実際にそうした要因も育児不安の強さを大きく左右するという知見が示されている。一連の育児不安研究によると，専業主婦の育児不安は働く母親のそれと比較して同程度かそれよりも強いということが明らかになっているが，そのことは，母親や妻以外の役割をもちにくい専業主婦の生活実態と関わっていると考えられる。

　このように育児不安研究が示唆しているのは，前項の結論と同様，家族だ

け，母親だけの子育てにはもともと無理があるのではないかということである。高度経済成長期に普及した家族システム，核家族の中で，夫婦間の性別役割分業に基づき母親が専業で子育てするというシステムは，一見合理的，効率的であるようにみえるが，実は子育てには不向きなシステムだったのである。

3 「家族の子育て」を超えて

父親の育児参加の促進

　家族だけ，母親だけで子育てを担うことに困難がともなっているとの認識は，現在では，子育て支援に関する政策にも反映されるようになってきている。2010年に政府が示した「子ども・子育てビジョン」では，「基本的な考え方」の第一に「社会全体で子育てを支える」ということをあげている。家族や親だけに子育ての責任を担わせることは，「個人に過重な負担」を与えるばかりか，近年問題になっている格差や貧困の連鎖にもつながる，という理由からである。

　育児不安の第一の規定要因である父親の育児参加を高めようという政策は，理念としては1994年の「エンゼルプラン」までさかのぼることができる。「エンゼルプラン」では，「子育て支援のための施策の基本的方向」において，「夫婦で家事・育児を分担するような男女共同参画社会をつくりあげていくための環境づくり」ということが述べられ，1999年の「新エンゼルプラン」では，「働き方についての固定的な性別役割分業や職場優先の企業風土の是正」が計画内容に盛り込まれた。しかし，「仕事と育児の両立支援」としての保育所保育の整備・充実への取り組みが中心であった「エンゼルプラン」や「新エンゼルプラン」においては，具体的な施策としては「ファミリーフレンドリー企業」の普及促進といった啓発事業にとどまっていた。

　したがって，父親の育児参加について本格的な取り組みが始まったのは，2002年の「少子化対策プラスワン」以降であったといえる。「少子化対策プ

第2章　現代の子育てとその支援

> **🔑 少子化対策プラスワン**
>
> 　2002年に厚生労働省から示された少子化対策プラン。「夫婦出生力の低下」という新たな状況に直面したことから，従来の取り組みに加え，「もう一段の（プラスワン）」少子化対策を提案したもの。具体的には，「仕事と育児の両立支援」に加え，「男性を含めた働き方の見直し」「地域における子育て支援」など新しい視点が加えられた。
>
> **🔑 ワーク・ライフ・バランス**
>
> 　「仕事と生活の調和」と訳される。2007年に政・労・使の合意により「仕事と生活の調和（ワーク・ライフ・バランス）憲章」とそれに基づく行動指針が示されたが，そこでは，ワーク・ライフ・バランスが実現した社会を，「国民一人ひとりがやりがいや充実感を感じながら働き，仕事上の責任を果たすとともに，家庭や地域生活などにおいても，子育て期，中高年期といった人生の各段階に応じて多様な生き方が選択・実現できる社会」と定義している。

ラスワン」は，「男性を含めた働き方の見直し」を取り組みの大きな柱に据えるとともに，「仕事と育児の両立の支援」においても，男性の育児休業取得率の数値目標を初めて設定している。こうした取り組みは，翌2003年に成立した次世代育成支援対策推進法にも引き継がれている。同法では各企業に子育て支援に関する「一般事業主行動計画」の策定を求めたが（従業員300人以上の企業には義務づけ，300人に満たない企業は努力義務を課した），その「策定指針」には，「子育ては男女が協力して行うものとの視点に立った取組が重要である」との文言が見られ，「盛り込むべき内容」にも，男性の育児休業制度の整備や子どもの出生時における父親の休暇取得推進などがあげられている。このように，子育て中の男性がより多くの時間を家事・育児に費やせるように職場環境を変えていくことは，労働政策において近年キーコンセプトとなっている「ワーク・ライフ・バランス」という理念とも結びつく形で，子育て支援政策の大きな課題のひとつとなっている。

「母親の社会的ネットワーク」の構築

育児不安のもうひとつの規定要因である,「母親のもつ社会的ネットワーク」に関する取り組みはどのような状態にあるのだろうか。前述のように1990年代の「エンゼルプラン」「新エンゼルプラン」では,保育所保育の整備・充実を中心とした「仕事と育児の両立支援」を重点施策として進めてきた。確かに図2-2が示すように,国際的に比較したとき,近年では女性の労働力率と出生率が正の相関を示すことが知られており,女性が出産後も仕事を継続できるようにすることは,少子化対策として有効と考えられている。しかし同時に,仕事と子育てを両立するという選択肢を保障することは,育児期の女性が,母親・妻役割以外の役割をもつことを支援するという

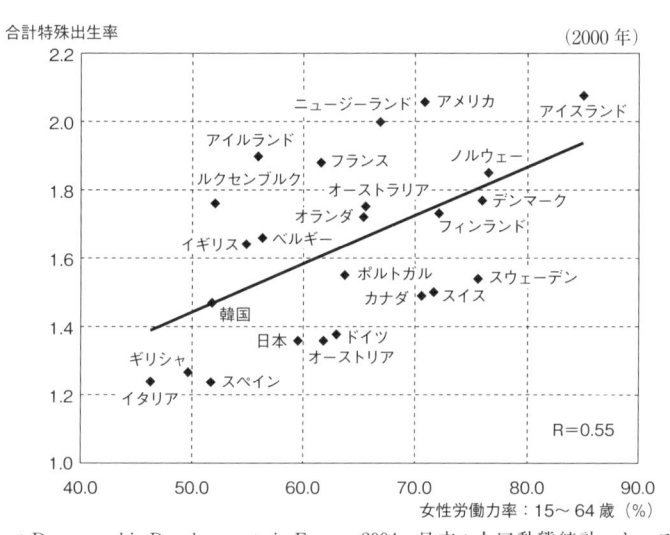

資料) Recent Demographic Developments in Europe 2004, 日本:人口動態統計, オーストラリア Births, No. 3301, カナダ:Statistics Canada, 韓国:Annual report on the Vital Statistics, ニュージーランド:Demographic trends, U. S.:National Vital Statistics Report, ILO Year Book of Lebour Statistics より作成。

注) 女性労働力率:アイスランド,アメリカ,スウェーデン,スペイン,ノルウェーは,16歳〜64歳。イギリスは16歳以上。

図2-2　OECD加盟国における合計特殊出生率と女性労働力率 (15-64歳) の関係

出所) 内閣府男女共同参画局『少子化と男女共同参画に関する社会環境の国際比較報告書』2005年

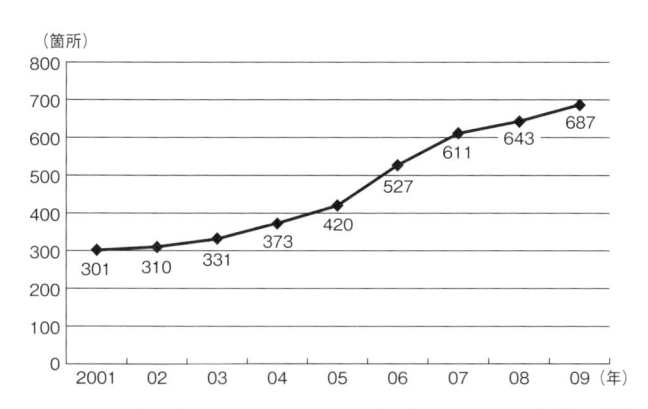

図2-3 東京都による認可・助成を受けた「子育てひろば」数の推移

資料）東京都生活文化局資料より作成

ことでもある。前節でも述べたように，一般に働く母親の育児不安は，専業主婦に比べて低い水準にあるという知見が多く示されており，こうした視点からみると，「仕事と育児の両立支援」は，「母親のもつ社会的ネットワーク」を促進して育児不安を低減する，子育て支援施策としての側面ももっているといえるのではないだろうか。

その後2000年代に入ると，「仕事と育児の両立支援」に加え，「地域における子育て支援」が施策の大きな柱と位置づけられるとともに，これまで支援の対象として十分に捉えられてこなかった専業主婦に対する支援が本格的にスタートした。「少子化対策プラスワン」では，「地域における様々な子育て支援サービスの推進とネットワークづくりの導入」として，専業主婦家庭を含む，地域のすべての子育て家庭を対象とした支援に取り組むことが明示された。その中でもとくに，「子育て中の親子が集まる『つどいの場』づくり」という施策は，この時期以降，大きな広がりをみせた（図2-3参照）。その後，この施策は，「子ども・子育て応援プラン」では「地域における子育て支援の拠点」の中の「つどいの広場」事業へ，「子ども・子育てビジョン」では「地域子育て支援拠点」の中の「ひろば型」事業へと引き継がれた。現在では，児童館や保育所・幼稚園，さらにはNPO団体などさまざま

> 🔑 **レスパイトケア**
> レスパイト（respite）とは，「休息，労働・苦痛の一時的休止」という意味。高齢者，障害者，乳幼児を在宅でケアしている家族のために，一時的にケアを代替し，息抜き・リフレッシュを図ってもらおうという家族支援サービス。短期的な施設入所（ショートステイ）や介護者派遣，一時保育などがある。

な主体が，「親子ひろば」や「子育てひろば」といった名称で「つどいの場」を開設し，親や子の人間関係を広げ，子育てのネットワークを構築するうえで大きな役割を果たしている。

　専業主婦に対する支援としては，レスパイトケアとしての一時保育の実施も広がっている。以前から，保育所等で養育者の怪我や病気，冠婚葬祭などの「社会的事由」に基づく一時保育は行われていたが，今日では理由を問わず受け付けるという機関も増えてきている。保育者・支援者の側には，「親の楽しみのために子どもを預かることが子育て支援か」「慣れない一時保育の場で子どもを泣かせてまで聞かなくてはならない講座なのか」などの疑問を訴える声もまだまだ絶えないようだが，自分の楽しみであれ，学習であれ，母役割から解放される時間を作ることが育児不安の軽減につながりうるという育児不安研究の知見もふまえて判断されるべきであろう。

　本節でみてきたように，近年の子育て支援策においては，育児不安に結びつきやすい子育てのあり方を変えるような試みも始まっている。それは同時に，家族だけ，母親だけの子育てを超えて，「社会による子育て」を志向する試みであるといえよう。

4 子育てと育児ネットワーク

　これまでの節では，子育ては，家族だけ，母親だけが担いうるものではなく，さまざまな人のつながり―ネットワークの中でなされるべきものであることを述べてきた。本節では最後に，どのようなネットワークが子育てを支

えるうえで有効なのかを検討した研究知見を紹介し，今後の課題を示したい。

前節でもみたように，近年の子育て支援策においては，子育てを支えるネットワークを地域に構築しようという試みが始まっている。先の「つどいの場」の他にも，各自治体が，子育て当事者自身の育児サークルなどのネットワーク作りを支援したり，地域での子育て支援ボランティアや活動団体を育てたりといった施策に取り組んでいるが，これらは，子育てに関わる人のつながりを生み出し，活性化することを企図している。こうした取り組みが行われるのは，旧来的な地域のネットワークも，親族ネットワークも，十分に活用できなくなった今日，子育てを支えるネットワークを得ようとするならば，意図的ないし政策的に構築していく必要があるからだといえる。

しかし，子育てに関わるネットワークが必ずしも子育てを支えるものにならない場合もある。いわゆる「ママ友」の人間関係が時に当事者にとって重圧を感じさせるものとなったり，そこでのトラブルが，母親たちのさらなる孤立化や深刻なストレスに結びつくことがあったりすることは，さまざまなメディアを通じて報告されるとともに，頻繁にTVドラマや小説のテーマとなっている。また，大日向雅美は，子育て支援の現場から提起されるさまざまな課題について検討した著書『「子育て支援が親をダメにする」なんて言わせない』(岩波書店，2005年)の中で，「つどいの場」をはじめとする子育て支援の現場では，母親を一人前の大人の女性として捉える視点を欠く形での支援がなされているために，母親たちに「居場所がない」と感じさせているケースもあることを指摘している。

子育てを支えるネットワークとは

それでは，どのようなネットワークが子育てを支えるものとなりうるのか。この問いについて考えるためには，まず，子育てをしていくうえで親たちがどのような支援を求めているのか，その具体的な形を明らかにしていく必要がある。子育てネットワークに関する諸研究は，母親が求める支援の種類によって，それを担うネットワーク（母親から見れば頼るネットワーク）が

異なるということを明らかにしてきた。子どもを預かる，子どもの遊び相手になるといった実体的，手段的支援は，夫や双方の祖父母など親族ネットワークに頼る場合が多い。一方で，子育てに必要な情報や助言を提供したり，悩みの相談に乗ったりといった情報的，情緒的な支援は，夫や自身の親のほか，保育所やその他の友人など非親族ネットワークにもその担い手は拡大するという。このように，子育て中の親たちが求める支援が複層的であり，それらを求める相手も複層的であるという事実が示唆しているのは，子育て中の親にとって必要なのは，まず第一に，単一のネットワークではなく，複数の，複層的なネットワークであるということである。

　一方，松田茂樹は，子育て中の親が有する人的ネットワークの「規模」と「密度」という観点から，子育ての支えとなりうるネットワークの特徴について検討している（『何が育児を支えるのか』勁草書房，2008年）。ネットワークの「規模」とは，子育てにおける支援の担い手の数のことであるが，松田は，育児を支えるネットワークは，「核」となる支援者の「強い紐帯（ちゅうたい）」と，核以外の支援者である「弱い紐帯」から成るものと捉え，両者の規模を問題とした。一方，「密度」とは，支援の担い手が複数いる場合に，彼ら同士の交流がどの程度あるかによって測定されるもので，子育て中の親本人の埋め込まれた人的ネットワークの「関係の濃さ」を表す。

　こうしたネットワークの「規模」や「密度」と，育児不安の強さ，育児満足度，子どもの発達などの関係を分析することで明らかになったのは，ネットワークは必ずしも「密度」が高ければ高いほどよい，「規模」が大きければ大きいほどよいというわけではないということであった。「中庸なネットワーク（moderate network）」，すなわち，疎遠すぎも緊密すぎもしない「ほどほど」の「密度」であり，また「規模」においても「強い紐帯」と「弱い紐帯」がバランスよく存在するようなネットワークこそが，子育てを支える総合力が高い，ということがわかったのである。

　このことは先のネットワーク研究の知見と一致する。子育てをする過程では，子どもを預かってほしいときもあれば，相談をしたいときもあり，それ

ぞれ頼りたい相手が異なる。そうした複層的な支援を可能にする複層的なネットワーク,「中庸なネットワーク」はそれを可能にするのではないだろうか。大日向が指摘した子育て支援の場における母親のアイデンティティをめぐる問題についても,「中庸なネットワーク」がひとつの解決の道筋を与えてくれると思われる。すなわち,支援者同士もお互いに知り合いであるような「関係の濃い」仲間もいる一方で,それらの仲間とは別の人間関係ももつという「中庸なネットワーク」は,母親のアイデンティティの複数性も保障することで,母親や妻役割に解消されない「自分」を維持することにつながるのではないだろうか。

　問題は,現実には,そうしたネットワークをすべての子育て中の親がもっているわけではないということである。とくに,一見個人的な問題に見える非親族ネットワークの構築は,家庭をめぐるさまざまな社会的条件によって左右される。松田の研究では,子どもの年齢が低い母親,平均的な年齢の母親より若いもしくは年配の母親,フルタイム就労の母親,経済的なゆとりのない母親,子どもが少ない地域に住んでいる母親において,非親族ネットワークの規模の小ささが見られた。また過去には,性別役割分業意識の高さと非親族ネットワークによるサポートの少なさを示唆する調査研究もある（関井友子ほか「働く母親の性別役割分業観と育児援助ネットワーク」『家族社会学研究』第3号,1991年）。いずれにせよ,年齢,地域,社会階層,就労状況,子育てや性役割に関する価値観などの違いに配慮して,子育てネットワークの現状を分析し,ネットワーク構築への取り組みに生かしていく必要がある。

　子育てを支えるネットワークの必要性は指摘されて久しいものの,どのようなネットワークが子育てにおいて望ましいのか,誰がどのようなネットワークをもち,誰にどのようなネットワークが欠けているのかなど,子育てネットワークをめぐる詳細な検討はまだまだ始まったばかりである。親たちが,子育ての支えとなるようなネットワークを構築し,実際にそれらを上手に活用できるようにするためには,今後さらなる研究を積み重ね,それらをもとに,どのような施策が必要なのか,また子育て支援に関わる者として親

たちにどう働きかけていくべきかを考えていく必要があるだろう。

> 📝 **考えてみよう**
> ● 高度経済成長期を通じて，家族の子育てが困難を抱えるようになった背景についてまとめてみよう。
> ● 親たちは，子育てにおいて誰にどのような支援を受けている（きた）のか，どのような人間関係の中で子育てをしている（きた）のか，自分の親や身近な人にインタビューしてみよう。

子育てネットワークと社会関係資本

　本章の最後に検討した，育児を支える人的ネットワークは，近年社会学や教育学の領域で注目されている，社会関係資本（social capital）のひとつとして捉えることができる。社会関係資本とは，個人や共同体の生産性に対して影響力をもつような，人々の社会的なつながりのことを指す。社会的つながりに対し「資本」を投入することによって，つまり，人々が他者との相互行為や協調行動を活発化することによって，個人やコミュニティの生産性を高めるような「信頼」「規範」「互酬性」が生まれる，という考え方が基本にある。日本に古くから存在する，「情けは人のためならず」という諺の示す通り，他者に働きかけたり，他者とのつながりを深めるような行動をとったりすることが，自分やコミュニティにとって何らかの利益をもたらすというのである。

　アメリカでは，この社会関係資本が，子どもの発達や教育達成，コミュニティの安全や経済発展，人々の健康や幸福感などさまざまな社会的利益にかかわっていることが実証されている（R. D. パットナム『孤独なボウリング』柏書房，2006 年）。日本においても，内閣府が行った調査により，社会関係資本と犯罪発生率や失業率の抑制，出生率の維持との関連が示唆されている（内閣府国民生活局編『ソーシャル・

キャピタル：豊かな人間関係と市民活動の好循環を求めて』2003年）。

　さて，本章では，子育てをめぐるネットワークが，孤立化した育児を支え，育児不安を軽減する効果をもつということを述べてきたが，子育てを通じて他者とのつながりを形成・活性化することは，社会関係資本の蓄積という観点からも評価しうるのではないだろうか。つまり，特定の子育てネットワークが，そもそもは，たとえば子どもの利益のために作られたものであったり，子育て中の親を支援するために組織されたものであったりしたとしても，そのネットワークの中で育まれた他者とのつながりが社会関係資本を増大させ，コミュニティの他の価値を増大させることにも貢献するのだ。子育てを通じて他者とのつながりを積極的に育むことは，社会関係資本の蓄積という点からも求められるということだ。

　他方で，今日子育て支援が重要な社会的課題となり，公的な子育て支援や子育てに関わる商業的なサービスが広く普及するようになったことは，社会関係資本の蓄積という観点からは問題をはらむものといえるかもしれない。住民の権利として享受できる公的支援や，金銭を媒介とした商業的サービスを利用することは，友人や近所の人に頼るよりも，心理的な負担が少なく，後腐れがない。しかし，この「後腐れのなさ」が社会関係資本の蓄積の機会を阻むことになるのだ。

　最も早い時期から社会関係資本への関心を示してきたコールマン（Coleman, J. S.）は，次のように述べる。「個人が他人に何か願いごとをするときには，かわりに何かの義務を生じるようになる」が，「もし，最初の個人が，自給自足で，あるいは義務を生じないような公的な助力で，彼の必要を満たすことができるならば，彼はそうするだろう。しかし，そうすることで，コミュニティに蓄積された社会的資本［＝社会関係資本：引用者注］の追加には失敗することになる」（J. S. コールマン「人的資本形成に関わる社会関係資本」『教育社会学―第三のソリューション』九州大学出版会，2005年［原著論文の発表は1988］）。つまり，最初に他人に頼れば，頼ったほうは「次は自分がお返しをしなければ」と考えるので，そこから互酬的な関係が始まり，社会関係資本蓄積の可能性が広がる。一方，「後腐れのない」公的な援助や商業的なサービスに頼ることは，そうした可能性を限定的なものにする。

　他人を頼って「後腐れ」を作ることから社会関係資本の蓄積は始まる。家族だけ，母親だけの子育てにはそもそも無理があるのであるから，いっそ「社会のために」積極的に他人に頼ってみても良いのではないだろうか。　　　【上田智子】

第3章
社会の変化と幼児教育

● 本章のねらい ●

幼児教育の内容や形態が社会の影響を受けて成立していることを理解するとともに，幼児教育の内容や形態を社会の変化と関連づけて検討し，現代社会における幼児教育の課題について考察する。

1　問われる幼児教育の制度と内容

幼児教育への社会的関心

近年，幼児教育の重要性に対して改めて大きな社会的関心が集まっている。2006年に改正された教育基本法には，新しく「幼児期の教育」に関する条文（第十一条）が付け加えられ，「幼児期の教育は，生涯にわたる人格形成の基礎を培う重要なものである」ことが明言された。また，その前年の2005年には，「幼児教育の重要性について，国民各層に向けて広く訴えること」を目的として，中教審答申「子どもを取り巻く環境の変化を踏まえた今後の幼児教育の在り方について」が示された。そこでは，地域社会や家庭における子育て・子育ち環境の変化をふまえ，「幼児教育全体の在り方全体を根本的に見直すこと」の必要性が唱えられている。

他方，近年，幼児教育に社会的関心が集まっているもうひとつの理由は，就学前の教育・保育の制度に重要な変更が加えられようとしていることにある。戦後日本の就学前の幼児教育・保育施設に関する制度は，学校教育法に基づいて文部科学省が所管する幼稚園と，児童福祉法に基づいて厚生労働省が所管する児童福祉施設である保育所との二元的システムを基本としてき

た。ところが，2000年代に入り，この2つの制度の一元化（「幼保一元化」）に向けての議論が急速に展開し，就学前の子どもたちの教育・保育に関する新しいシステム，新しい施設の構想がさまざまな形で示され，具体化がすすめられている。

　このように，現在の幼児教育は，制度面で大きな転機を迎えるとともに，その重要性があらためて社会的に喚起され，内容面についても根本的な再検討がなされつつある，極めて重要な時期にあるといえよう。

　本章では，幼児教育の内容や形態が社会的な影響のもとにあること，もっと強くいえば，社会的に作られる側面をもつことを論じていきたい。そのことを通じて，幼児教育の内容や形態を，社会との関わりにおいて，つまり，社会学的に（sociologically）検討する視点を提示したい。

　ところで，本章では「幼児教育」という用語を，幼稚園や保育所で行われる教育・保育を指すものとして使用する。「幼児教育」については，幼稚園・保育所で行われる教育に限定して捉えるべきではないという議論もある。先述の中央教育審議会2005年答申の中では，「幼児教育」とは，「幼児に対する教育を意味し，幼児が生活するすべての場において行われる教育を総称したもの」であり，「具体的には，幼稚園における教育，保育所等における教育，家庭における教育，地域社会における教育を含み得る，広がりを持った概念」であると説明している。もちろん小学校以上の教育においても，学校と家庭，学校と地域社会の連携は重要なものであることは疑いないのだが，幼児期に学ぶべき内容やふさわしい方法の特性を考えると，幼児期の教育においては，幼稚園や保育所での学びと家庭・地域社会での学びとの連続性・一体性はとくに強調されるべきということであろう。

　しかし一方で，今日幼児期の人間形成における幼稚園や保育所の役割・意義は一層拡大している。現在，就学前の子どもたちのほとんどが幼稚園か保育所に在籍しており，5歳児に限っていえばその割合は96.4％（2008年度）に及んでいる。また，在籍年数もより長くなってきており，幼稚園においては，2年保育よりも3年保育が主流になっているほか，さらに今日では2歳

45

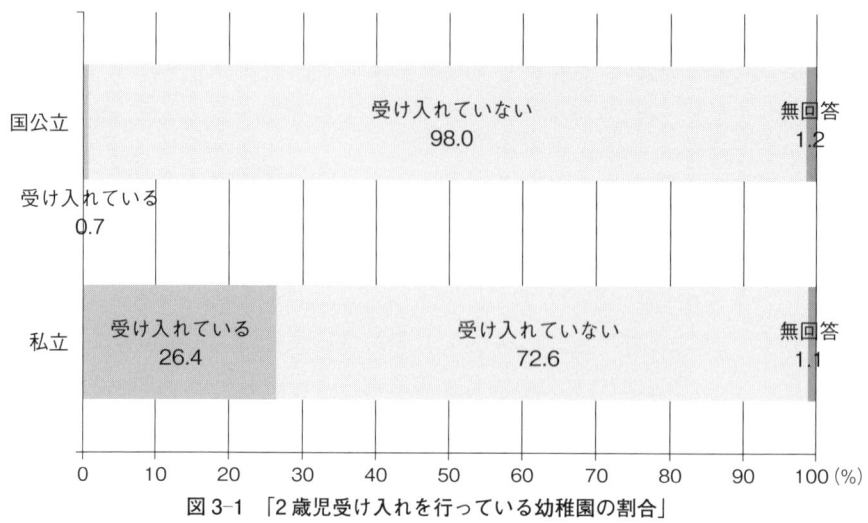

国公立	受け入れていない 98.0 / 無回答 1.2
受け入れている 0.7	
私立	受け入れている 26.4 / 受け入れていない 72.6 / 無回答 1.1

図3-1 「2歳児受け入れを行っている幼稚園の割合」

出所）ベネッセ次世代研究所『幼児教育・保育についての基本調査報告書（幼稚園・保育所編）』（2009）より転載。ここでの「2歳児受け入れ」は，いわゆる「親子登園」は含まれない。

児の受け入れを行っている幼稚園も私立を中心に4分の1の園に及んでいる（図3-1）。保育所においても，0歳児保育の実施園は増えている。このように今日，就学前の子どもたちの生活において幼稚園・保育所で過ごす時間はどんどん延長しており，それにともない幼児期の人間形成において，これらの施設での教育・保育の意義・役割は拡大しているといえる。そこで，本章では，幼稚園や保育所で行われる教育・保育を「幼児教育」と呼んで焦点化し，考察の対象としていくこととする。

幼児教育の基準となるもの

　幼稚園や保育所で日々行われている教育・保育の内容は，どのように決められているのだろうか。この問いに対する最も簡単な答えは，それぞれの園または実際に子どもたちの教育・保育にあたる教員・保育士が決めている，というものだろう。しかし，それぞれの園や教員・保育士はどうやって，あるいは何に基づいて教育内容を決めているのだろうか？　そもそも個々の園，

個々の教員・保育士が，全く自由に教育内容を決めることができるのだろうか？

　小学校から高等学校までの教育内容については，「学習指導要領」に基づくことが定められている。具体的には，文部科学省が告示する「学習指導要領」に基づいて，教科書が作られ，各学校の教育課程が編成される。教科書についていえば，「教科書検定」という手続きにおいて，民間の教科書会社が作成したそれぞれの教科書が「学習指導要領」の内容と合致しているかのチェックもなされる。こうした形で，日本の学校の教育内容は，国によって一定程度「拘束」されており，それによって全国的にみても，一定の統一性と水準を維持することが可能になっているのである（第5章参照）。

　幼稚園の教育内容についても同様に，同じく文部科学省が告示する「幼稚園教育要領」に基づくことが定められている。学校教育法施行規則第38条には「幼稚園の教育課程その他の保育内容については，…教育課程その他の保育内容の基準として文部科学大臣が別に公示する幼稚園教育要領によるものとする」とある。一方，保育所の保育内容が基づくべきとされているのは，所管官庁である厚生労働省が告示する「保育所保育指針」である。「保育所保育指針」の3歳児以上の教育に関する部分については，従来から「『幼稚園教育要領』に準じて行う」とされてきたが（1963年文部省・厚生省共同通知），2008年の「保育所保育指針」改定にともない，保育所の機能が「養護」と「教育」であることが明示されるとともに，「教育に関わるねらい及び内容」は「幼稚園教育要領」と全く同じ形で示されることになった。このことは「保育所保育指針」と「幼稚園教育要領」の関連を明確化したといえよう。さらに，従来の「局長通知」から厚生労働大臣告示となったのもこの改定からであり，これにより「保育所保育指針」の基準・規範としての性格が「幼稚園教育要領」と同程度まで高められたとされる。

「幼稚園教育要領」・「保育所保育指針」に反映される社会変化

　さて，幼稚園・保育所の教育・保育の内容は，法制上「幼稚園教育要領」

や「保育所保育指針」に基づくことが決められていることがわかったが，それでは，その「幼稚園教育要領」や「保育所保育指針」はどのように策定されているのだろうか。

　「幼稚園教育要領」および前述の「学習指導要領」は，中央教育審議会教育課程部会での議論をもとに策定され，およそ10年のサイクルで文部科学省から告示される。中央教育審議会とは，民間の有識者から成る会議で，さまざまな部会にわかれている。その中で教育課程部会は，カリキュラム・教育内容について検討する部会であり，現行の「学習指導要領」や「幼稚園教育要領」の内容を修正し，新たな課題を付け加えるなどの「改訂」を行う。審議会の議論では，現行の「要領」の実施状況や成果に加えて，近年の子どもや子育ての実態や社会の変化なども参照されるため，「学習指導要領」や「幼稚園教育要領」には，常に，その時代の子どもや社会の変化を反映した課題が盛り込まれることになる。

　たとえば，2008年の「幼稚園教育要領」の改訂においては，「食育」に関する事項が追加されている。これは，2005年に成立した食育基本法を受けてのものであるが，もっといえば，現代社会において食事や健康についてさまざまな問題が提起されるようになったことに対応するものである。さらに，教育課程そのものではなく「指導計画及び教育課程に係る教育時間の終了後等に行う教育活動などの留意事項」においてではあるが，幼稚園の教育時間終了後の「預かり保育」や，第2章で述べた「子育て支援」活動について，その理念や実施における留意事項が示されている。これらは，女性の社会進出が進み，幼稚園の教育時間終了以降の保育へのニーズが高まったこと，育児中の社会参加の奨励や育児不安の軽減といった社会的要請が生じたことに対応する形で付け加えられたものである。

　社会の変化とともに，社会化のための課題が変化することは自明であり，「幼稚園教育要領」が，社会の変化に対応して新しい課題を盛り込んでいくことは大変重要なことである。しかし一方で，そのときどきに社会で問題とされることを，十分な議論や検証もなく拙速に教育課程に反映させることに

は問題もはらむ。戦後の「学習指導要領」の変遷をふりかえるとき，それが「振り子」にたとえられるほど「行ったり来たり」を繰り返しているような印象を与えるということがしばしば指摘されている。そうした状況は，「時勢に敏感なあまり科学的診断を軽視する不幸な伝統」（耳塚寛明「教育課程行政と学力低下」苅谷剛彦・志水宏吉編著『学力の社会学』岩波書店，2004年）とも評され，たとえば，近年の，「ゆとり教育」の導入から「脱ゆとり」にいたる「学習指導要領」の変遷においても見いだすことができる。長期的視野に立ち，科学的事実（エビデンス）に基づいた議論を教育課程に反映させる必要があることは，幼児教育においても同様であるだろう。

　ともあれ，幼稚園や保育所の教育・保育を法制上規定している「幼稚園教育要領」や「保育所保育指針」には，その時々の社会の変化を反映した課題が盛り込まれていることがわかった。まず，この点において，「幼稚園教育要領」や「保育所保育指針」は，社会との関わりの中で形作られており，幼児教育の内容は社会の影響のもとにあるといえよう。

2　多様化・市場化する幼児教育

多様化する幼児教育

　前節では，幼稚園や保育所の教育内容が，法律的には「幼稚園教育要領」や「保育所保育指針」に規定されていることを述べてきたが，実は，それらは必ずしも現場の教育内容を強く拘束するものとはなっていない。その結果，日本の幼児教育は，小学校以上の教育には見られないほどに，内容や形態において非常に多様なものになっている。たとえば，英語教育に力を入れたり，漢字や漢文の暗記に多くの時間を費やしたりする園がある。一方で，子どもたちが自由に選んだ遊びを保育の基本とし，一日の大半を自由遊びに費やす園もある。体育や音楽の専門家による特別なカリキュラムを実施する園もあれば，毎日森や里山に出かけて，その時々の自然を素材とした遊びを展開する園もある。さまざまな行事とそこでの子どもたちの活躍を保育の大

きな成果とする園もあれば，子どもの自然な生活ないし遊びを妨げるという趣旨から，行事等も極力行わない，という園もある。図3-2は，ベネッセ次世代研究所が実施した全国規模の幼稚園・保育所調査において明らかになった，「教育課程内の時間・通常の保育の時間に学級・クラス全員が一斉に行う活動」の状況である（ベネッセ次世代研究所『幼児教育・保育についての基本調査報告書（幼稚園・保育所編）』2009年）。私立幼稚園の47.6％，私立保育所の27.5％が実施している「英語」や，私立幼稚園の6.2％が実施している「漢字」などは，いずれも「幼稚園教育要領」や「保育所保育指針」には言及すらされていない。「幼稚園教育要領」や「保育所保育指針」という法律によって定められた基準が存在するにもかかわらず，なぜこうした多様性が生じるのであろうか。

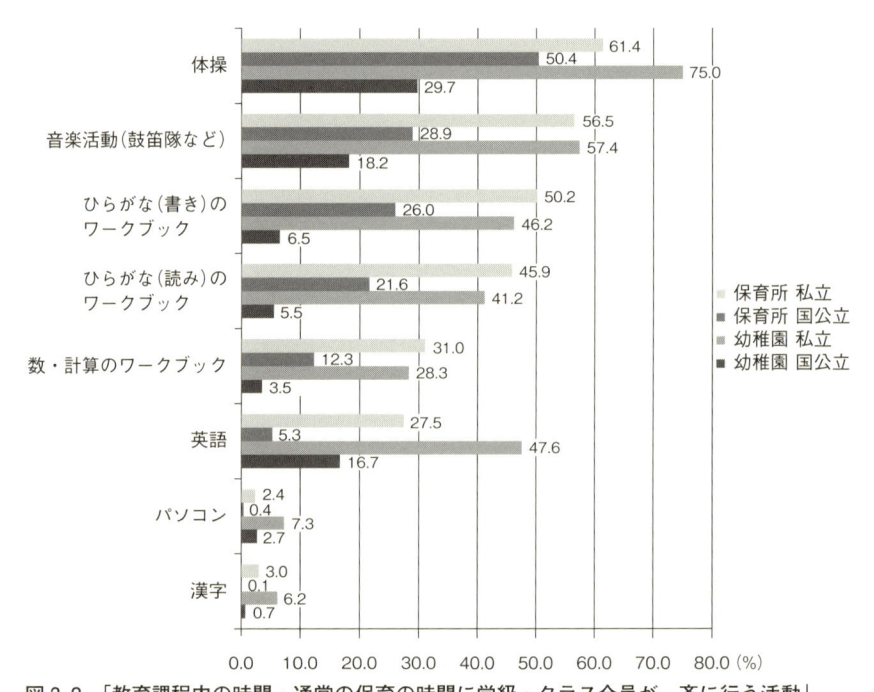

活動	保育所 私立	保育所 国公立	幼稚園 私立	幼稚園 国公立
体操	61.4	50.4	75.0	29.7
音楽活動（鼓笛隊など）	56.5	28.9	57.4	18.2
ひらがな（書き）のワークブック	50.2	26.0	46.2	6.5
ひらがな（読み）のワークブック	45.9	21.6	41.2	5.5
数・計算のワークブック	31.0	12.3	28.3	3.5
英語	27.5	5.3	47.6	16.7
パソコン	2.4	0.4	7.3	2.7
漢字	3.0	0.1	6.2	0.7

図3-2 「教育課程内の時間・通常の保育の時間に学級・クラス全員が一斉に行う活動」
出所）ベネッセ次世代研究所『幼児教育・保育についての基本調査報告書（幼稚園・保育所編）』（2009）より部分転載。

部分的には，こうした多様性は，「幼稚園教育要領」や「保育所保育指針」のそもそもの性格によって生じている．読み比べるとわかるように，各学年で学ぶ漢字の数や算数の公式まで明記され，各科目の標準授業時間も示されている「学習指導要領」に比べ，「幼稚園教育要領」や「保育所保育指針」は大綱的で，なされるべき教育活動や履修すべき内容を一つひとつ具体的に示すものではない．もちろん，こうした違いは偶然生じたものではなく，幼児教育のもつ特性に根拠をもつ．「幼稚園教育要領」には，幼稚園修了までという期間の間に，「幼稚園における生活の全体を通じ」，特定の「心情・意欲・態度」が獲得されることが目的として示され，方法についても「幼児が環境にかかわって展開する具体的な活動を通して総合的に指導される」べきとされている．このように幼児教育における基本的な考え方が，小学校以上の教育とは大きく異なるため，「学習指導要領」のように学年ごとに具体的な教育活動や履修内容を示すといったことにはなじまないのである．しかし一方で，「幼稚園教育要領」や「保育所保育指針」に見られるこの大綱的性格は，「曖昧さ」あるいは「拘束力の弱さ」として捉えられる可能性も有しており，それが幼児教育の多様性の基盤を構成しているともいえる．

幼児教育の市場化の背景

　さらに，幼児教育の多様性の社会構造的な要因として，幼児教育における市場化の急激な進行という状況がある．教育の市場化とは，教育サービスが他のモノやサービスと同様，市場の中で取引されるようになることであり，より広い意味では，サービスの受け手の側での「選択」と，供給側での「競争」が進行する状況を指す．受け手の側でどのサービスを受けるかを選択できる状況が保障されると，サービスの供給側は自分たちを選択してもらおうと受け手のニーズに敏感になり，コストやサービス内容をめぐる競争や多様化が生じる．逆に，供給側においてコストやサービス内容の競争や多様化が進めば，受け手の側における選択へのインセンティブはさらに高まる．このように，受け手の側での「選択」と供給側での「競争」が実現したとき，サ

ービスをめぐる「市場」が形成され，利用者のニーズに対応したさまざまなサービスが展開されるようになる。このような教育の市場化が幼児教育の領域で進行していることが，現代日本における幼児教育の内容の多様化の重要な背景となっているといえる。

　幼児教育の市場化は，まず第一に，需要と供給の不均衡により生じている。少子化と女性の社会進出が進行する中で，現在幼稚園では園児獲得をめぐる競争が高まっている。幼稚園の数は漸減方向にあり，園児獲得競争は，各園の生き残りをかけた競争であるともいえる。実際には地域による違いはあるものの，こうした状況は，利用者の側での幼稚園の「選択」を十分可能にしているといえよう。

　一方，都市部を中心に待機児童が問題となっている保育所については，供給よりも需要が上回っている状態であり，需要と供給のバランスという点では保護者が園を自由に選択できるという状況は限定的である。しかし，その保育所においても，「選択」と「競争」を促そうという政策的な動きは進行している。1997年の児童福祉法改正により，保育所入所のしくみが，法律上，行政処分の一種である「措置」から「選択利用方式」に変更された。また，保育所の設置基準の緩和ないし弾力化，NPOや企業等による保育所設置の認可など，保育所経営への参入を積極的に促すような改正も行われ，供給不足を補うための政策的な後押しとなっている。

　さて，最後に述べた設置者の問題に関連するが，幼稚園・保育所においては，私立の設置者の割合が非常に高いことも，市場化の重要な条件となっている。2010（平成22）年度の学校基本調査によると，国公立の幼稚園の割合が39％であるのに対し，私立の幼稚園の割合は61％である。一般に私立幼稚園のほうが定員が多いため，在籍園児数でいうと，全体の81％が私立幼稚園の園児である。またこの私立幼稚園の割合は一般的に都市部のほうが高く，東京では実に81％の園が私立幼稚園である。また，同じく2010（平成22）年度の社会福祉施設調査によると，保育所においても，私立園の割合は54％を占める。これらは小学校（私立小学校の割合＝1％）や中学校（同7％）

はもちろん，高等学校（同 26％）と比べても極めて高い割合である（同「学校基本調査」より）。しかも，1990 年代以降の規制緩和の推進，2000 年代以降の「社会福祉基礎構造改革」など福祉分野の構造改革路線の中で，幼稚園・保育所の領域においても「民間活力の導入」が促進され，既存公立園の閉園や民間委託，公設民営による新規園の建設などが相次いでおり，幼児教育は今後も私立園を中心に展開していくことは疑いない。私立園にとっては，園児の確保は経営上の重要な課題であり，したがって，私立園の割合が高いことは，幼児教育全体における園児獲得をめぐる競争の激化を促すことになる。

　さらに保護者の選択の幅を拡大しているのが，幼稚園におけるバス通園の普及である。バス通園は，物理的に通うことのできる園の範囲を拡大する。前述のベネッセ次世代研究所の調査によると，バスによる登降園を実施している幼稚園の割合は，国公立の幼稚園で 19.5％，私立の幼稚園においては 81.2％にも上る（ベネッセ次世代研究所，前掲書）。都市部では，登園の時間帯になるとたくさんの幼稚園バスが行きかう。大型マンションのエントランスでは，幼稚園バスが次々に子どもたちを迎えにやってきて，あちこちの幼稚園へと向かう，そんな朝の光景があたりまえのものになっている。

　教育の市場化をめぐっては，2000 年前後，小中学校において学区にとらわれず学校を自由に選択できる制度，いわゆる「学校選択の自由化」施策について賛否両論の活発な議論が行われた。しかし，幼児教育に関していえば，「学校選択の自由化」は既成事実である。親たちは小学校に子どもを入学させる以前に，すでに当たり前のように幼稚園や保育所を「選択」している。また，「学校選択の自由化」に関する議論の中で，「学校選択の自由化」により，子どもたちがますます地域社会と切り離されるのではないかと問題視されることがあったが，現在の子どもたちは，小学校入学以前から，バス通園を通じて，すでに徒歩圏を超えた範囲の園に通っている。

　ここでは詳しくは述べないが教育分野における市場化の進行には，「小さな政府」志向や新自由主義といった政策理念の動向や，社会全体の私事化や第 1 章でみたペアレントクラシー化といった，より深い社会意識の変化が関わ

っているとされており，なぜ幼児教育の市場化が進行するのかという問いに正確に答えようとするなら，それらの論点についても言及する必要があるだろう。しかし一方で，近年の幼児教育においては，園児獲得をめぐる競争の激化，政策における後押し，私立園の割合の高さ，バス通園の普及などの条件が，市場化の進行を一層推し進めている状況があることも理解しておくべきである。

　教育の市場化そのものの評価については未だ定まっておらず，ここでも深く論じるつもりはない。さらには，幼児教育が多様であることもすぐさま問題と捉えるべきではない。日本の学校教育が画一的であり，地域や子どもの特徴・ニーズに対応するものでなかったということは長く批判の対象となってきた。多様な教育が用意されていれば，それぞれの地域や子どもに合った教育を受けるチャンスは広がる。また，教育サービスの供給側にも受け手側にも選択の自由が与えられることは，現場の教育活動に国家や行政による過剰な拘束が課されていないことの証明であり，むしろ評価されるべきことであるかもしれない。

　しかし，国家や行政の拘束からは自由であっても，教育が，市場の強い拘束の下に置かれることを安易に「自由」と呼んでしまってよいのだろうか。短期的な市場のニーズに左右されて教育内容が変更されること，あるいは，魅力的な広告言説にふりまわされて教育内容の選択が行われることを「自由」と呼ぶべきかどうか，あらためて議論する必要がある。さらには，（小中学校の教育についてもあてはまる部分はあろうが）幼児教育においては決定的に，選択する人間と，教育を受ける人間とが異なるという事態がある。つまり，「大人が選び子どもが学ぶ」ということであり，「子どものため」といいながら，親の嗜好，親の意思や都合が優先される可能性についても，考慮する必要がある。

　さて本節では，現代日本の幼児教育が，「幼稚園教育要領」や「保育所保育指針」という基準の存在にもかかわらず，内容・形態面において非常に大きな多様性をもっていることの背景について述べてきた。また幼児教育の市場化，多様化という現象も，さまざまな社会的な背景や条件のもとに生じて

いることを示してきた。子どもについての発達論的理解に基づいて幼児教育の内容が決定される側面は依然として大きいものの，それと同時に幼児教育の内容が社会との関わりの中で形作られるものであるという側面ももっていることを理解しなくてはならない。

　それでは最後の第3節では，とくに戦後日本の幼児教育の方法・形態について振り返る中で，幼児教育の方法・形態についても，社会の変化と結びついた変遷があったことを示していきたい。

3 保育形態の動向と課題

日本的集団主義の評価と批判

　戦後の日本教育を特徴づけるものに強い集団志向がある。学校集団や学級集団，さらにはその中の小集団（「班」）などを重視し，教育活動にさまざまな形で活用する，という教育のあり方である。しかし，主にその特徴を描き出し，評価したのは，外国の研究者たちであった。1970年代後半より，戦後日本の奇跡的な経済成長の鍵を教育に見出そうという海外の多くの研究者が，日本の教育に関するさまざまな実態調査を行ったのである。たとえば，カミングス（Cummings, W.K.）は，日本の小学校における半年間のフィールドワークをもとに，『ニッポンの学校』（サイマル出版会，1981年）を著し，日本の小学校における学級の集団秩序がいかに形成され，いかに教育効率を高めるのに役立っているかを描き出した。これらの研究者の関心は，学校において培われた強い集団志向が，学校の内部での成果にとどまらず，企業社会における成果にどのように結びついているかということにも向けられた。つまり，日本においては，学校での集団主義的教育が，個人よりも集団の目標を優先するという価値観や行動様式を形成することを通じて，企業社会での高い生産性と結びついている，というのである。

　幼児教育の分野においても，同様の関心に基づく研究が行われた。とくに日本の幼稚園は，多くの子どもたちが家族以外に初めて所属する集団であ

り，集団主義教育が初めて展開される場としての位置づけから大きな関心を集めた。日本でも，結城恵が，著書『幼稚園で子どもはどう育つか』（有信堂，1998年）において，幼稚園で子どもたちが集団での協調行動へと方向づけられていく「仕組み」について明らかにしている。結城は，幼稚園での生活がさまざまな集団を基盤として成立しており，子どもたちが，まさに入園初日から，集団の一員として位置づけられていく様子を描きだした。また，集団呼称（教師の子どもに対する呼びかけ・指示・伝達の中でどのような形で集団に言及しているか）に注目した分析からは，幼稚園生活が長くなるにつれて，教師は指示・伝達などの際に，個人名よりも集団名をより多く使用するようになることが明らかになった。このことはつまり，学年が上がるにつれ，集団名で呼びかけるだけで個々の子どもたちへの指示も可能になるということであり，幼稚園生活を通じて，集団の一員としての個人の位置づけが子どもたちの間にも浸透していく様子を示したものといえよう。さらに結城は，教師が，「目に見えない集団」と呼ばれる集団呼称の活用により，個人を特定して糾弾することなく逸脱の矯正を行っていることを明らかにした。そうしたおそらくは無意識の微妙な配慮を通じて，幼稚園教諭は，「みんないい子」という集団の平等性と調和とを維持しているというのである。

　しかし，このように日本の集団主義教育が諸外国で高い評価を得る一方で，日本国内においてそれらは，画一的で，個性を抑圧する教育という批判も受けるようになっていった。1984〜1987年の臨時教育審議会，およびその影響を大きく受けて1989年に改訂された「学習指導要領」では，新しく「個性化」ということが教育の目標として位置づけられた。個々の生徒の習熟度や得意とする内容・方法の個人差に合わせて指導方法を変えたり（「指導の個別化」），興味関心や社会的背景の個人差に合わせて学習内容を変えたり（「学習の個性化」）と，集団よりも個人に合わせた教育を重要視するようになったのである。2000年前後には，小学校段階から，個人差＝個性に対応した教育の一環として，習熟度別学習指導や選択・興味別の集団編成が急速に導入されたが，前述の結城は，これらの改革を，これまで集団の平等性と

調和に配慮して「目に見えない集団」としてきたものを「目に見える集団」へと転換するものとみている（結城，前掲書）。日本の集団主義教育や，その基盤とする考え方に重大な変化がもたらされつつある，というのである。

戦後の日本教育の特徴であり，国際的にも高い評価を得てきた集団の平等性と調和を重視した教育は，1990年代以降の「集団から個人へ」という流れの中で打ち捨てられようとしている。そのことの是非についてもここでは深く論じないが，集団主義教育を「時代遅れ」とする前に，それらが重視してきた集団の平等性と調和の価値がどの程度のものであるのかについては，もう少し客観的な評価をしてみるべきではないだろうか。

「自由保育」とその課題

前述の「集団から個人へ」の流れは，幼児教育においても認められる。1989年に25年振りに改訂された「幼稚園教育要領」では，「環境と遊びを通した教育」という理念があらためて強調されることになり，幼児教育の現場では子どもの個性と多様性を尊重する「自由保育」という保育形態が，高い評価を得るようになった。「自由保育」とは，一般に，「一斉保育」ないし「設定保育」と対をなす概念として用いられる。一般的な理解としては，「一斉保育」が，「保育者を中心として一斉に行われる保育」（『保育用語辞典［第2版］』一藝社，2007年）であるのに対し，「自由保育」とは，「子どもの自発的で自由な活動を尊重する保育形態」「子どもの興味，関心を中心にすえた自由活動形態」（同書），またそうした保育形態を中心に据えた保育のことを指す。ただし，「自由保育」も「一斉保育」も，幼児教育の形態について述べるときに頻繁に使用されるが，実は，必ずしも具体的で明確な定義が与えられている言葉ではない。また何らかの形で「幼稚園教育要領」や「保育所保育指針」に規定されているといったこともない。さらに，「自由保育」は，全く新しい保育というわけではなく，その歴史は明治時代までさかのぼることができる。

しかし，1990年代以降，上述のように小学校以上の学校教育で個性化が

目標とされる中で，地域や設置者による違いはあるものの，あらためて，「自由保育」を積極的に取り入れようとする園が激増した。「自由保育」をめぐっては，当時現場にはさまざまな混乱もあり，ともかく子どもたちの自由を尊重すべきという，不適切な「教条主義的」理解から，「園から勝手に外に出ていく子どもにも何もできないのか？」「昼食はどうするのか？」といった疑問を発する保育士もいたという。ともあれ，「自由保育」は，個性を重視する「新しい保育」として改めて注目を集めるようになったのである。

ところがその後，2000年前後くらいから，この自由保育のあり方に早くも疑問が呈されるようになった。その大きなきっかけとなったのは，この時期，小学校において，「学級崩壊」が大きな問題となったことであった。

「学級崩壊」の背景・原因についてはさまざまなものがあげられているが，低学年，とりわけ小学1年生における「学級崩壊」については，尾木直樹が，著書『学級崩壊をどうみるか』（日本放送出版協会，1999年）において，幼児教育における「自由保育」の導入が引き金となったと指摘している。今では「小1プロブレム」として広く認知されているが，「自由保育」の普及した幼稚園・保育所での生活と，個性化が目標となってはいても依然として集団主義的な教育が主流である小学校での生活のギャップが存在する，すなわち前者から後者への移行，接続がなめらかに行われないという問題である。子どもたちは，「自由保育」の弱い統制の下で幼児期を過ごしてきたた

学級崩壊

1997年頃から使われ始めたことば。1998年6月にNHKスペシャル「学校・荒れる心にどう向かうか」の第1回放送でそのタイトルに「広がる学級崩壊」ということばが使われ，また朝日新聞が1998年11月の記事でこのことばを見出しに使い，全国的な社会問題となった。正確な定義があるわけではなく，とくに小学校において子どもたちの立ち歩きや私語などのふるまいによって学級集団を単位とした指導体制が成立しない状態を指して使われている。「小学校版教師いじめ」という捉え方もある。（朝日新聞社会部『学級崩壊』朝日新聞社，1999年ほか参照。）

第3章 社会の変化と幼児教育

めに，小学校に進級しても，小学校の集団主義的な教育になかなか慣れることができず，授業中じっと座っていられなかったり，おしゃべりをしないでいられなかったりする，というわけである。

これはもちろん「自由保育」そのものの問題というよりは，「自由保育」から小学校教育への移行・接続の問題である。したがって今日，幼児教育と小学校教育の連携，すなわち「幼小連携」ということが大きな課題となっている。2008年の「幼稚園教育要領」と「保育所保育指針」，さらには「小学校学習指導要領」の改訂においても，この「幼小連携」の問題が大きく取り扱われた。図3-3に示すように，今では，さまざまな形での幼小連携が模索されている。

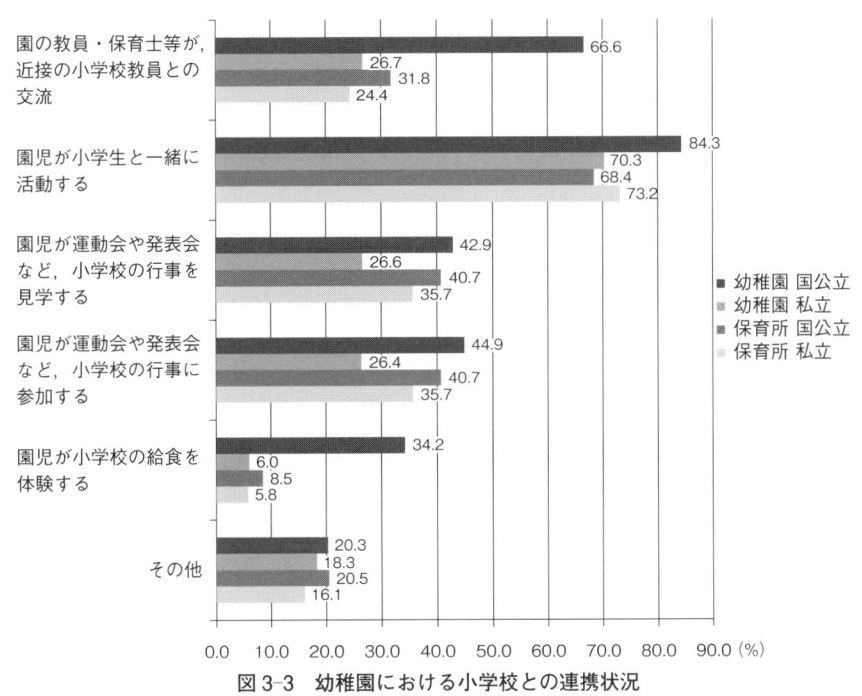

項目	幼稚園 国公立	幼稚園 私立	保育所 国公立	保育所 私立
園の教員・保育士等が，近接の小学校教員との交流	66.6	26.7	31.8	24.4
園児が小学生と一緒に活動する	84.3	70.3	68.4	73.2
園児が運動会や発表会など，小学校の行事を見学する	42.9	26.6	40.7	35.7
園児が運動会や発表会など，小学校の行事に参加する	44.9	26.4	40.7	35.7
園児が小学校の給食を体験する	34.2	6.0	8.5	5.8
その他	20.3	18.3	20.5	16.1

図3-3　幼稚園における小学校との連携状況

出所）ベネッセ次世代研究所『幼児教育・保育についての基本調査報告書（幼稚園・保育所編）』（2009）より部分転載。

しかし，保護者にあっては，「学級崩壊」の原因を，幼児教育と小学校教育の移行・接続の問題として捉えるというよりも，「自由保育」そのものの問題として捉える傾向は否めないようだ。「自由保育を重視する園に通うと，小学校に通ってから困るのではないか」といった不安から，「一斉保育」に力を入れるとうたう幼稚園・保育所の入園を検討する親が増加している。そこでは，本当に「自由保育」が「学級崩壊」の原因であるのかということについての十分な検証も，また，「自由保育」そのものの教育学的な意義についての十分な考察も，なされないままである。

園のほうでも，親のニーズの変化に対応する形で，さまざまな教育プログラムを新しく実施している。第2節でみたように，そのバリエーションはどんどん広がりつつあるが，長期的な視野に立った内容的検討が行われているかどうかについては疑問が残る。

このように，幼児教育の内容・形態には，社会の変化と結びついた変遷がみられることがわかった。すでに述べたように，そのこと自体を批判的に捉える必要はないものの，幼児教育への社会的関心が高まり，その内容についての根本的見直しが図られている今こそ，長期的な視野に立ち，乳幼児期の子どもの発達への深い理解や科学的知見（エビデンス）に基づいた議論が求められている。

考えてみよう
- 「幼稚園教育要領」や「保育所保育指針」，さらには「小学校学習指導要領」を読み比べて，その違いを確認しよう。また，それらに盛り込まれた現代的課題を読み解こう。
- 幼児教育の多様化，市場化のメリット，デメリットについて考察してみよう。

国家戦略としての幼児教育

　諸外国における幼児教育への関心は日本に比べてはるかに高く，とりわけ幼児教育を国家戦略，とくに経済的観点からの国家戦略として重要視する傾向が強まっている。OECD（経済協力開発機構）は，近年，保育・幼児教育に対する政策を重視しており，加盟国に対し保育・幼児教育の予算を GDP 比 1％とすることを目標として掲げている。ユネスコも，教育開発に関する年次報告書において幼児教育の重要性を指摘している（UNESCO『ゆるぎない基盤（Strong Foundation）』2006 年）。

　経済的な観点から幼児教育が関心を集めるのは，質の高い幼児教育の保障が，貧困や社会的格差拡大の解消に有効だからである。貧困や社会的格差拡大の解決は，機会均等という人道的な観点から重要であるだけではない。それは，社会的な効率を高めるとともに，社会保障費用負担の抑制にもつながるため，経済成長戦略という観点からも重要なのである。しかも，保育や幼児教育への投資効果は，他の年齢の教育投資や一般の公共投資と比較して，非常に高いことが知られている。保育・幼児教育への投資は，子どもの知的・社会的発達のみならず，親の雇用や収入，子ども自身の将来における低い失業率や犯罪率，健康改善にいたるまでの効果を期待できるのである。

　さて，日本の幼児教育施策についてみると，そもそも保育や幼児教育に対する公費支出の少なさが問題となっている。現状ではそれは GDP 比 0.3％にとどまっており，前述の OECD の目標数値に遠く及ばない。子ども一人当たりの公的支出も，乳幼児については OECD 平均の半分以下である。

　さらに，経済的・社会的観点から幼児教育を捉える視点は，日本社会においてはきわめて希薄である。しかし日本でも近年，子どもの貧困率の上昇や社会的格差の拡大が社会問題となっており，今後は，経済的・社会的観点から幼児教育を捉える必要もあるだろう。

　人生の出発点における質の高い教育の保障は，子どもたちの将来の選択肢を拡大し，さまざまな社会問題の解決につながる。そう考えると，多様化・市場化の中，どのような教育を受けるかが各家庭の選択に委ねられている日本の幼児教育の現状は，問題を孕んでいるといえるかもしれない。国の義務として，また子どもの権利として，すべての子どもたちに質の高い幼児教育を保障することが求められている。

【上田智子】

多文化社会の子どもと教育

教育・保育現場の多文化化

　教育・保育の現場に外国籍の子どもたちを見かけることが珍しくなくなっている。文部科学省によると,「日本語指導が必要な外国人児童生徒数」は2010年度に, 小学校18,365人, 中学校8,012人, 高等学校1,980人, 中等教育学校22人, 特別支援学校132人, 計28,511人となっている。この数字は2000年には計18,432人であった。10年間に1.5倍に増えたことになる。

　外国人には就学義務はないが, 公立の義務教育学校就学を保護者が希望する場合には無償で受け入れ, 日本人と同一の教育を受ける機会が保障されている。そのために, 日本語の指導や適応指導を行うための体制整備が行われている。日本語指導の教員の加配, 管理職を対象としての日本語指導等の実践的な研修, 外国語による就学ガイドブック作成・配布, 日本語指導の補助等の人材配置事業の実施などの施策が行われている。

　教師や保育士になると担任クラスに外国籍の子どもを迎え入れる体験もすることになるであろう。多文化社会(多様な外国籍の人々が暮らす社会)における学校教育・保育について考えてみよう。

経済成長と多文化化

　日本では今, 多文化社会への価値観の転換が課題となっている。長年の移民国であるアメリカ, カナダ, オーストラリアなどの多文化主義(ひとつの国・社会に複数の民族・人種などが存在するとき, それらの異なった文化の共存を積極的に認めようとする立場〈広辞苑第六版〉)には学ぶところが多い。そして日本と同様に第二次世界大戦後の経済成長期に外国人労働者を受け入れて多文化社会へと移行したドイツなどでは近年, 外国人の統合を推進すべきかどうかという「多文化社会論争」が起きているという。日本とは宗教, 人種問題等に異なる背景があるとはいえ注視したい論争である(上藤文湖「ベルリンにおける外国人政策と〈多文化社会〉論争—〈多文化〉をめぐる社会変容の分析に向けて—」『社会学評論』2006年)。

　日本では総務省が2005年に「多文化共生の推進に関する研究会」を設置し翌年から報告書を出している。副題は「地域における多文化共生の推進に向けて」となっている。外国人集住地域のある地方自治体では多文化共生は喫緊の課題であり多文化共生の地域づくりが検討されている。しかし多文化主義的な検討や議論や取り組みについては未だしの感がある。

学校・保育園での課題

　外国人幼児・児童・生徒が日本の学校や園に入ってくる場合，言葉も行動の仕方もわからず苦労し，受け入れ側の対応が課題となる。異質な文化が出会うとき，一方を他方の，主流の文化に適応，同化させるやり方でなく，両方ともが少しずつ歩み寄って変化することによって新しいやり方を創っていくという文化的実践の最前線に学校や園は置かれることになる。

　外国籍の幼児を迎える園環境のあり方を萩原元昭が検討している（萩原元昭『幼児教育の社会学』放送大学教材，1998年）。彼は日本の幼稚園・保育所に幼児を在籍させたことのある外国籍の保護者の，園に対する要望と保育者側の意識や対応をみて，文化の違いに起因する相互理解の不十分さを見出している。萩原は重要な視点として幼児の心理的要求に適応し，自立的援助を可能とする方法を探る必要を指摘する。そして「親と保育者の二者間の要求を幼児の視点から統合する鍵概念」として "アコモデーション（accommodation）"（「他者の心理的要求を受容し，他者が自らの意思で自立できるように求めに応じて援助すること」）という概念[*]を用いることを提案している。難しい言葉だが，要は，保育者・教師が，マイノリティである外国籍の幼児とその保護者の心理的要求を満たしつつ，保育者側の要求も何とか受け入れてもらう方法を編み出し実践することである。それによって幼児が自立しやすくなるように援助できるとしている。そして，そのような園環境はどのような基本原則をもち，どのような構造をもつのか考察の手がかりを提供している。結局，保育者の基本的課題は，日本の幼児が外国籍幼児の言葉や生活習慣の違いを受容し，理解することを援助するだけにとどまらず，相互にその違いを尊重する心情を育て，自他の違いを調整していく，アコモデーション能力をいかに育成すればよいかにつきる，という。小・中・高校において外国籍の児童・生徒を迎え入れた場合の教師の役割を考えるときにも参照したい原則である。

【木村敬子】

---

[*]萩原はこれをバーンスティン（Bernstein, Basil），さらに A. ファーンハムと S. ボクナーの理論に基づいて用いている。（Furnham & Bochner, 1986, *Culture shock: Psychological reactions to unfamiliar environments*. London:Methuen.）

第4章

日本の社会と学校

●本章のねらい●

子どもが学校へ行くのは当たり前の時代だ。しかし，学校に行けることがこのうえなく喜びであった時代もあったのだ。身分制度の下での「教育」から，明治期以降の近代的な公教育制度の導入をへて，学校は国家や社会の発展に重要な役割を果たしてきた。社会の変化と発展の中で，学校の形成と教育の姿を考えよう。

1 伝統社会の教育システムと教育機関

子育ての習俗「産育」

日本の社会では子どもに働きかけて成長させる行為や通念は，伝統的にムラ社会の中で営まれ形成されてきた。一般に"教育"という観念は学校が成立して以降の比較的新しいものである。子どもたちの存在は，親個人の「ウチの子」であるとともにムラや地域共同体のものでもあった。「ムラの子」たちは，地域社会みんなで見守り，時には叱り，励ますことにより「一人前」に成長していった。たとえば，誕生7日目の「名づけ祝い」，30日前後の忌明け後の氏神への「お宮参り」など，一般にこうした子育ての習俗は産育と呼ばれる。「七ツ前は神のうち」という諺は，七歳がムラ社会に迎え入れられる成長の適齢を象徴している。子どもがムラ社会の中で一人前と認められるまでに，しばしばいくつかの通過儀礼が用意されていた。日本の社会では教育的な働きかけを"しつける"とか"こやらい"と呼んで，イエやムラの日常生活や年中行事の生活誌の中に深く組み込まれてきた。

共同体社会における教育機能の形成は,「若者組」や「娘組」と呼ばれた自治的な青年集団の組織にみることができる。「若者組」を通して,村のしきたりや独自の文化が教え込まれ,継承されていったのである。古くは宗教組織にもみられる。天台宗の最澄や真言宗の空海は,それぞれの本山で僧侶教育のシステム(本山学校)を作っている。戦国時代に入り,キリスト教が伝来すると,布教活動の一環としてイエズス会のコレジオ(宣教師の養成所)・セミナリオ(神学校)などが建てられた。

近世社会と教育機関の発達

近世の社会は武士階級の支配する,身分制社会である。江戸時代は教育活動が組織的に展開され,藩や地域により多様な教育機関がつくられた。そうした背景には,江戸時代に入り武士のみならず上層農民(庄屋や豪農など)や富裕町人などに文字文化が普及し始め,経済活動の活発化がさらに計算や読み書きの必要を高めていったことがある。やがて地域や身分を超えた教育熱や教育活動が,新たに生まれる明治期の公教育発展の素地を作ったとみることもできる(参考:大石力『江戸の教育力』東京学芸大学出版会,2007年)。

幕府直轄の教育機関として「昌平坂学問所」が設けられ,各藩は藩校を設立して,人材育成をはかるため藩士の子弟の就学を義務づけていた。18世紀後半以降250を超える藩校が建てられたが,代表的なものとしては興譲館(米沢藩),日新館(会津藩),弘道館(水戸藩),時習館(熊本藩)などがある。武士だけでなく庶民も対象にした教育機関としては郷学(郷校)がある。そして一般庶民に広く普及した基礎教育の機関として寺子屋(手習所)があった。幕末までに5〜6万に上る寺子屋が開業し,「読み書き算」の初歩が教えられた。教科書には教訓的な実語教や童子教,実用的なものでは主に男子は往来物(職業別に編まれたものもある),女子は『女大学』などが用いられた。師匠には僧侶が多く,そのほか武士や医者,神官,また女性の師匠もみられた。5・6歳で入所し(「寺入り」),13・14歳ごろまでに卒業していく例が多かった。

そのほか中・高等教育機関として，自由かつ個性的な私塾があった。有名なものとしては，吉田松陰の「松下村塾」(山口・萩)，中江藤樹の「藤樹書院」(滋賀)，荻生徂徠の「蘐園塾」(東京)，緒方洪庵の「適塾」(大阪)，福澤諭吉の「慶應義塾」(東京) などがあり，いずれもその人格や学識を慕って身分制度を超えて全国から塾生が集まった。塾風教育は，師弟の強い人格的な信頼関係が基盤にあるのが特徴である。とくに松下村塾や適塾などは，明治維新の変革の原動力となる坂本竜馬，桂小五郎（木戸孝允），伊藤博文，大村益次郎や福澤諭吉などの人材育成の役割を果たしたことからも注目される。一方，商工農の共同体社会では，たとえば漁民，狩猟民，手工業者，商人，芸能民などが「職人」として職能集団を形成した。特殊技術は，親方－子方の徒弟奉公制度のもとで「一人前」の職人に向けて伝授・継承され，職能集団として社会的な維持・存続を図っていった。

イギリスの社会学者ドーア（Dore, R. P.）は『江戸時代の教育』において，明治の新教育制度について「寺子屋教育のお蔭で，1870年には既に少年期を終っていた世代も，望みないものとして度外視されることはなかったのである。江戸時代から受け継いだ伝統，教師，建物，そして定着した心構えがなかったら，新制度があのように急速に―しかも殆ど中央政府の財政的援助なしに―確立されることは不可能だったろう。」(松居弘道訳，岩波書店，1970年，271頁) と述べている。

2 近代社会の成立と公教育制度の整備

近代への夜明け前

「木曽路はすべて山の中である。」という有名な書き出しの島崎藤村の『夜明け前』は，まさに幕末・明治維新の激動期を迎えた日本の社会と日本人の内面を描いたものである。「江戸から八十三里の余も隔たった木曾の山の中に住んで，鎖国以来の永い眠りを眠りつづけて来たものは，アメリカのような異国の存在すら初めて知るくらいの時だ。」(『夜明け前』第一部より) という

ように，ペリーの黒船来襲は一般庶民に驚天動地の衝撃をもたらした。

　1867年12月王政復古の大号令により徳川幕府は滅び，新政府が樹立された。天皇親政をうたった「五箇条の誓文」（公議興論の尊重，開国和親など）はその後の近代日本の精神的支柱となった。幕末から明治にかけての変革を当時は"御一新"といい，今日では明治維新と呼ぶ。新政府が当面する課題は，「富国強兵」「殖産興業」「文明開化」のいわゆる欧化政策を掲げて，欧米の制度や知識，技術，文物を積極的に取り入れることであった。

明治新政府の教育改革

　近代化を推進するうえで国民の知識水準の向上は，必須の課題であった。欧米の学校教育制度に習い，とくにフランスの教育制度を参考に1872（明治5）年9月5日，「学制」を公布した。その前日「学事奨励に関する被仰出書」（おおせいだされしょ）（巻末資料に掲載）が出され，基本精神が宣言された。教育は「身を修め，智を開き，才芸を長ずる」大もとであり，「邑（ゆう）に不学の戸なく家に不学の人なからしめん」（注：邑は村の意味）ことを期待して国民皆学を説いた。「学制」は日本で出された最初の全国的な近代的教育法制であり，教育行政は文部省に統一された。地方を大学区（全国を8区分），中学区（各大学区を32区分），小学区（各中学区を210区分）に区画して中央集権的教育行政を規定した。学校は，小学校（下等小学6〜9歳，上等小学10〜13歳），中学校，師範学校，大学，専門学校がおかれ，当面は小学校教育と師範教育に全力をあげた。しかし，義務教育とはいえ子どもを旧来の家族労働力と考える親の中には，就学させることに必ずしも賛成しなかったものもいた。地域によっては就学を拒否したり，小学校を焼打ちにしたりする動きもあり，当初の就学率はおよそ30％程度と低調であった。

　一方，近代化を進めていくうえで中・高等教育による人材育成は急務であった。各藩から優秀な人材を集めた「貢進生制度」を設けたり，欧米の先進的な科学技術や学問を学ばせるために，欧米諸国に国費で留学生を派遣したりした。また先進技術や学問を輸入するために外国人を「お雇い外国人」と

> **🔑 貢進生制度**
> 各藩から16歳から20歳までの優秀な人材を数名選抜し（＝貢進生），大学南校（東京大学の前身）で欧米の新しい学問を学ばせる制度。

して雇用し，殖産興業の推進をはかった。たとえばラフカディオ・ハーン（英，日本名小泉八雲，語学教育，『怪談』の著者），W. S. クラーク（米，札幌農学校教頭），E. S. モース（米，大森貝塚の発見）など，1898年までに2千人を超える「お雇い外国人」が来日し，日本の近代化の過程で産官学の各分野に大きな影響を残した。

明治期の学校制度の整備と国家主義的教育体制

「学制」の発布以後停滞する就学状況を考えて，1879年「学制」をやめて，就学を緩和し，公選制の学務委員を置く自由主義的な教育令を公布した。しかしこれも就学率の向上にはいたらず1年で改正され，就学義務の強化，学務委員の地方官認可制になり，教育内容も儒教主義的で保守的なものに変えられた（「改正教育令」1880）。こうした背景には，在野の自由民権運動の高まりへの対策，政府内の近代化路線に対する保守派の巻き返しなどがあった。

儒教主義の教育推進の中心に天皇の侍講元田永孚がおり，西洋化に染まる風俗品行に対し，仁義忠孝の道徳精神により教育の再建を図るねらいで，1879年に天皇の意を受けて「教学聖旨（大旨）」を出した。やがて1880年代後半になると，欧化主義を批判し伝統的な民族文化の尊重を説く三宅雪嶺らの雑誌『日本人』や，徳富蘇峰の『国民之友』の創刊などにより，次第に国家主義的な世論が強まっていく。

1886（明治19）年，森有礼文相の時，小学校令・中学校令・帝国大学令，師範学校令などの諸学校令が制定され，「学制」以来着手されてきた近代的な教育制度の体系が国家主義的に整えられた。森の教育改革の基本には，「一国富強ノ基ヲ成スタメニ無二ノ資本」（「閣議案」）として教育の力を高く評価し，帝国大学は「国家ノ須用ニ応スル学術技芸ヲ教授シ及其蘊奥（注：

第4章 日本の社会と学校

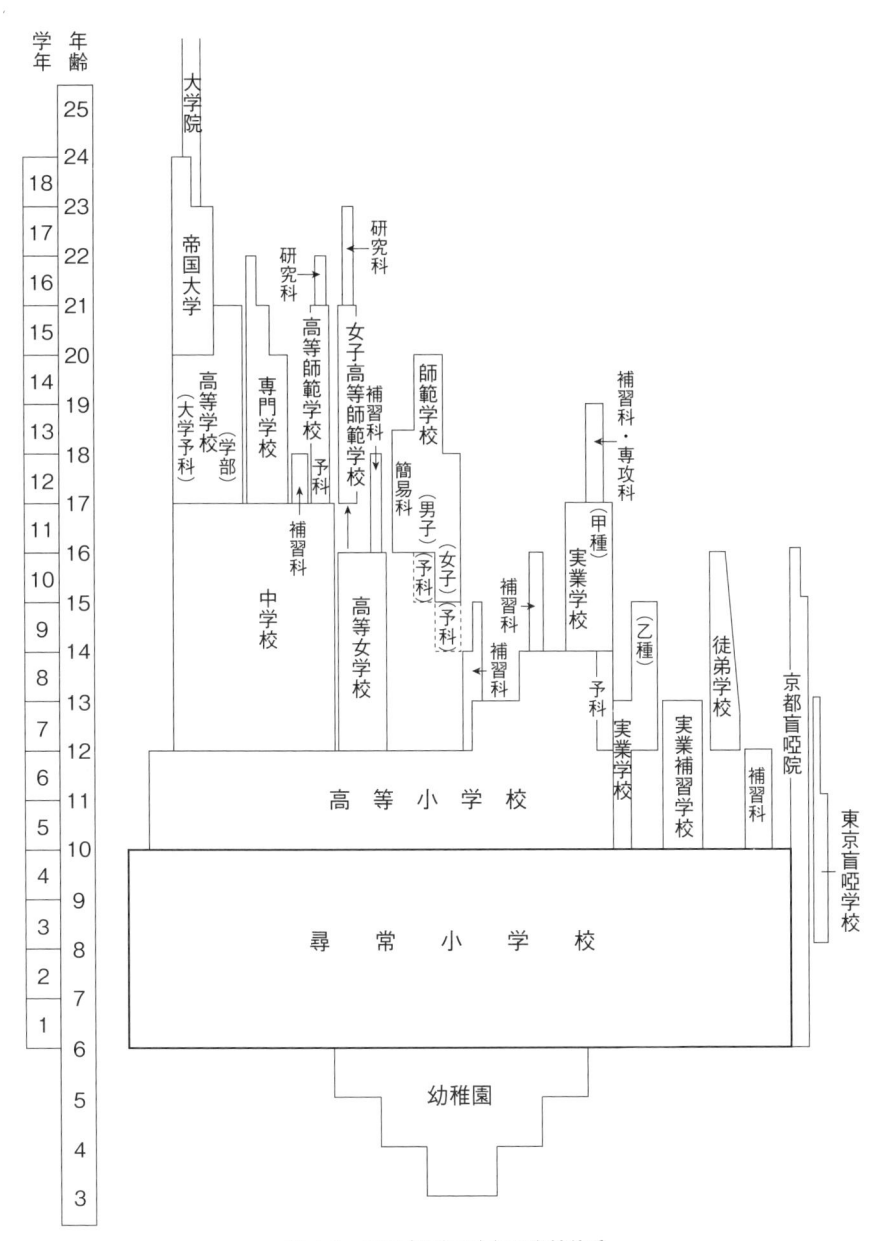

図4-1 1900(明治33)年の学校体系
出所) 文部省『学制百年史』1981年

学問・技芸のおくのて）ヲ考究スルヲ目的トス」（「帝国大学令」）として，教育にはすべて国家目的が貫徹されていなければならないという考えであった。森は国家主義教育の推進において，「忠君愛国」の精神を鼓舞し「臣民育成」をはかる手段として，紀元節や天長節などの祝典を行う学校行事を奨励した。そして最も重視したのは，師範教育の改革であった。師範学校令によれば，師範学校は尋常師範（4年制）・高等師範（3年制）に分けられ，尋常師範は各府県に設置され，高等師範は官立を東京に1校設置し（＝高等師範学校，1902年東京高等師範学校に改称，戦後は東京教育大学），尋常師範の校長および教員の養成を行うところとした。師範学校は，学費は公費負担で全寮制とされ，その教育は兵式体操を取り入れた軍隊式教育が行われた。教員として「順良信愛威重」の気質がもとめられ，「師範タイプ」と呼ばれる独特の性格が形成された。卒業生は教員としての服務が義務づけられ，やがて師範卒業生を通して軍隊式教育は全国の学校教育に影響を及ぼした。

　こうしてわが国戦前の学校制度の基礎が完成した。1900年に改正された

資料）文部省「学制百年史」

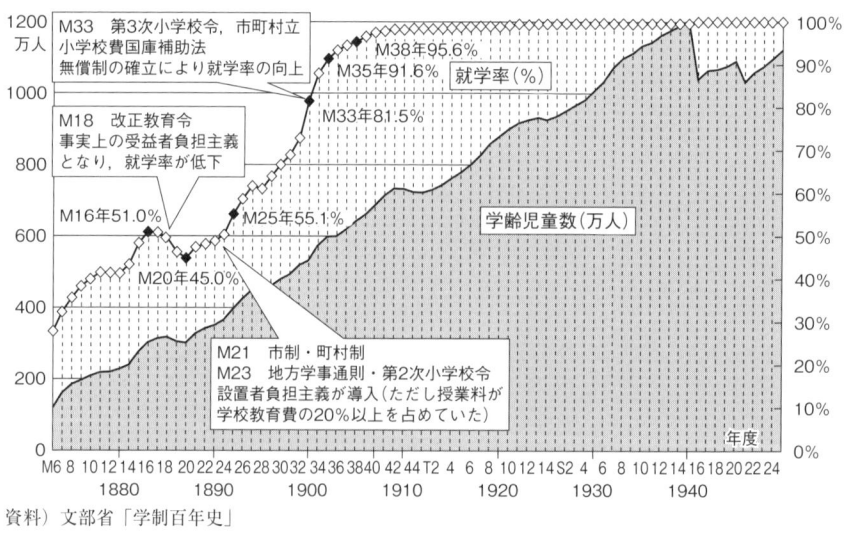

図4-2　小学校の就学率（明治6〔1873〕年～昭和24〔1949〕年）
出所）中央教育審議会義務教育特別部会第2回配布資料（平成17年3月16日）

小学校令では8年制のうち4年が義務教育とされ，義務就学が明確化し，公立小学校の授業料が廃止され無償の原則も確立した（図4-1）。さらに1907（明治40）年には6年に延長され（翌1908年実施），就学率は97％に達した（図4-2）。しかし，小学校卒業後は，中学・高校から帝国大学へと進学するエリートコースと，高等小学校，実業学校，師範学校などに進む袋小路の非エリートコースに分かれる分岐型学校制度であった。この制度構造の特徴は戦後の教育改革まで存続した。

教育勅語と天皇制教育

　大日本帝国憲法発布，帝国議会の開設など新しい社会秩序の中で，天皇・国家を自発的に支える「国民」像の形成に向けて公教育を通して国民＝臣民を教化することは，学校や教師に課せられた重要な役割であった。1890（明治23）年10月30日，明治天皇の勅令という形式で「教育ニ関スル勅語」（教育勅語）が発布され，戦前の学校教育および国民統治の絶対的な原理として機能した。教育勅語は，法制局長官井上毅と元田永孚によって作成され，3部からなる全文315字の簡潔なものである（巻末資料に掲載）。教育の淵源にはじまり，臣民道徳を13の具体的徳目をあげて説き，時空を超えた普遍妥当の絶対的原理として臣民にその遵守を求めている。学校教育においては，教育内容に歴代天皇や皇室賛美の記述が増加し，教育勅語の精神的な支柱化が浸透した。学校教育による天皇崇拝の動きは以後一層強化され，「教育勅語」の発布翌年6月に，「小学校祝日大祭日儀式規定」が制定された。学校儀式が形式化され，御真影（天皇・皇后の肖像写真）の拝礼，万歳三唱，勅語奉読，勅語の講話，唱歌などの順序によって構成された。また儀式後は遊戯体操を行わせて子どもの心情を快活にさせ，茶菓や絵画などを与え，役人や父母の参列も奨励した（山本信良・今野敏彦『近代教育の天皇制イデオロギー』新泉社，1973年，81-85頁参照）。こうして公教育を通して忠君愛国，滅私奉公の精神や家族道徳が徹底的に教化され，国家主義的教育が強められていった。さらにその教育方針は，1903年から採用された国定教科書の制度（小学校）

によって，画一的な教育内容として日本全国に広がっていった。

工業化と産業教育の要請

　1880年代には殖産興業の近代化政策の下で，紡績業や製糸業などの軽工業部門の発展が目覚ましかった。工業化の原動力には手工業から機械工業への産業革命があった。こうして日本の資本主義は，日清，日露の2つの戦争の勝利を契機に，軍備増強や鉄道建設のために鉄鋼業や造船業が飛躍的に発展し，軽工業から重化学工業へと産業構造の転換が進んだ。1897年には東洋一といわれた官営の八幡製鉄所が着工され，日露戦争後には生産が本格化した。近代産業の発展とともに，経済的な基盤の強化をはかるために学校教育への労働力需要は高まっていった。義務教育の就学年齢の延長とともに，中等教育における実業学校の整備がはかられた。とりわけ1893年に設けられた実業補習学校は，小学校に付設された勤労青少年の教育機関として急速に拡大した。とくに義務教育後の農村青年の受け皿として農業補習学校が数多く設立され，旧来の農法に対して生産技術や農業技術の革新・近代化をうながした。こうして日本の近代化，工業化の推進要因には義務教育制度の確立とともに，教育の普及拡大によって基礎学力を身につけた良質の労働者層が形成されたことが大いにあずかった。

　しかしながら農村の近代化は遅れ，不況のたびにしわ寄せは農民にふりかかった。零細な農家の次男，三男は貧しい家計を補うために都市の工場労働者になったり，飛騨や信州地方では娘が製糸女工として年期奉公で雇用され，劣悪な環境と条件のもとで働かされた（参考：山本茂実『あゝ野麦峠』朝日新聞社，1968年）。小学校への就学率が97％に達する趨勢の中で，少年・女子の就労問題は社会問題となっていった。児童労働の搾取は，家庭の貧困と教育の不平等を突きつける深刻な教育問題であった。

近代国家と立身出世主義

　明治維新は，四民平等の国民教育の普及を近代国家形成の重要な目標とし

た。そのことはまた国民にとっては学校教育を通して，立身出世の道を開き，社会的地位の上昇を獲得することが初めて可能になったのである。啓蒙思想家福澤諭吉は，「一身独立して一国独立する事」(『学問のすゝめ』三篇より，岩波文庫) とのべて，個人の独立精神，実学の修得こそが諸外国に対し国家の独立を守れることを説いた。こうして義務教育の普及とともに徹底した能力主義の教育観が形成されていった。しかも学校教育が拡大すればするほど，こうした立身出世主義の能力主義的な教育観は国民に受け入れやすいものとなった。小学校を卒業した若者がムラ社会を出て上京し，「故郷に錦を飾る」までは二度と帰らないという固い覚悟をもって社会的な成功を後押しする心性は，日本人の奥底に形成された。尋常小学唱歌の「故郷」は「志をはたして　いつの日にか帰らん　山は青き故郷　水は清き故郷」(作詞　高野辰夫，1914 (大正3) 年第6学年用唱歌) とうたわれ，今日でも愛唱されている。

　立身出世は単に個人にとどまらず，「家」や「親」のためでもあり，ひいては「世」(＝社会) のため「お国」(＝国家・天皇) のためになるものと奨励され，天皇制国家体制に組み込まれる家族主義国家観とともに立身出世主義が形成されていく。

3 大正自由教育から昭和・戦時教育へ

大正デモクラシーと児童中心主義の教育

　大正期に入り，日本の近代化は着実に進展し，二大政党による議会政治が実現し，民本主義や普選運動の展開など，新しい社会変化の動きが出てきた。大正デモクラシーの思想と運動は世界的な潮流となっていた新教育運動と結びついて日本の教育界にも及んだ (参考：中野光『学校改革の史的原像―「大正自由教育」の系譜をたどって』黎明書房，2008年)。

　明治期の教育には，教授法における画一性，硬直性，さらに子どもには抑圧的に感じられる注入主義の特質がみられた。大正新教育は欧米の新教育運動 (エレン・ケイ，J. デューイら) にも影響されて，児童の個性や自発性，創

造性を尊重する児童中心主義を目指した。こうした理念を掲げた私立の新学校の創設も相次いだ。アメリカの新教育の担い手である H. パーカーストが考案したドルトン・プランを導入した沢柳政太郎による成城小学校（1917, 大正 6 年），羽仁もと子の自由学園や西村伊作の文化学院（1921, 大正 10 年），赤井米吉の明星小学校や野口援太郎らによる「池袋児童の村小学校」（1924, 大正 13 年），小原国芳の玉川学園（1929, 昭和 4 年）などが有名である。

　大正新教育運動の中で注目されるのは，新教育の代表的な実践者らが「八大教育主張講演会」を開催したことである。1921（大正 10）年 8 月 1 日から 8 日間，東京高師付属小講堂において樋口長市（自学教育論），及川平治（動的教育論），小原国芳（全人教育論）ら 8 人の講師が登壇し，全国から 2 千名を超える教師が手弁当で参加し，大盛況のうちに教育革新の熱気を全国にもち帰った。

　さらに大正デモクラシーの思潮は新しい児童文化の創造や芸術の分野にも及んだ。1918（大正 7）年鈴木三重吉による雑誌『赤い鳥』の創刊や北原白秋，西条八十，野口雨情らの児童詩創作，その詩に山田耕筰らが作曲した童謡，山本鼎による自由画教育運動，また子ども向けの立川文庫や『少年倶楽部』などの小型講談本の刊行が人気を博した。当時の子どもたちの生活は，学校から家に帰ると子守りや手伝い仕事をやらされるのが当然であった。そうした中で下町の子どもたちの遊び場には駄菓子屋が拠点となって，子ども独自の仲間文化が生まれていた。

都市化の進展と学歴社会の形成

　第一次世界大戦は日本経済に空前の好景気をもたらした。世界的な船舶需要のひっ迫は日本の造船・海運業を飛躍的に発展させ，「船成金」が続出し，造船量は英米につぎ世界第 3 位にのぼった。本格的な工業の発展は，日本社会の第二次・第三次産業の労働力人口を増大させた。その多くは農村の余剰労働力になったムラ社会の次男，三男の大都市への流入によるものであった。1920（大正 9）年と 1930（昭和 5）年の 10 年間における産業別人口を比

較すると，1930年には第一次産業1449万人（1920年比5万人増），第二次産業599万人（同43万人増），第三次産業879万人（同237万人増），そのうち商業411万人（同146万人増），サービス業246万人（同53万人増）というように産業構造が変化し，そうした都市への労働力は低賃金で主に商業やサービス部門に吸収されていたことが明らかである（有沢広巳監修『日本産業百年史・上』日本経済新聞社，1967年，256頁）。

　義務教育の就学率は1920年には99％に達しており，ムラを離れて都市で成功の機会を得たものは，学歴をつけて官吏や俸給生活者（サラリーマン）などの社会層をなし，中等教育，高等教育への教育期待はこうした都市中間層を中心に高まっていった。1918年に大学令が制定され，帝国大学以外に官立，公立，私立の大学設置が認められ，早，慶，明治，法政など8つの私立大学と2公立大学が設立された。中等教育への進学熱とともに高等教育の量的拡大が促進された。高等教育学歴がエリートへのパスポートとして制度的に機能し，エリート候補の量的拡大が進んだことになる。一方非エリート人材としても産業界は優秀な技術者層や事務職層（ホワイトカラー）の養成を中等教育に求め，核家族化する都市中間層は子どもへの教育により上位の学歴を求めるようになった。日本社会には学歴社会が形成されるとともに，都市では家庭の機能がかつての生産の場から消費の場に変容し，子育てと教育が主な機能となる「教育家族」の性格を強めていった。こうして能力主義的な社会的人材養成の要求は，旧制中学，実業学校，高等女学校という3本立ての中等学校制度に制度格差を残したまま目的合理的に反映させていた。

軍国主義教育への傾斜と戦時教育

　しかし第一次世界大戦後の国際協調は長く続かず，1941年12月8日真珠湾攻撃をもって対米，連合国に対して戦争を開始する。その間学校教育は統制色を強め，戦時教育体制を確立するために1937年内閣直属の「教育審議会」が設置された。教育内容では「国体明徴」の原理を基に国民精神の涵養を図る目的で，同年文部省発行の『国体の本義』が積極的に使用された。制

度改革面では,「皇国民の錬成」を目的に1941年3月「国民学校令」が公布されて,4月より小学校は「国民学校」に改められ,初等科6年,高等科2年の8年制義務教育が創設された(ただし,戦争激化のために実現されなかった)。

国家総動員体制への強化は「青年学校の義務化」,中学校,高等女学校,実業学校の3種を統合した「中等学校」の設置,青年学校教員養成所が昇格されて「青年師範学校」の創設などが行われた。さらに戦局の悪化とともに,大都市児童の学童疎開,学徒勤労動員,高等教育段階では徴兵猶予が停止され学徒出陣,などの措置がとられていく。1945年春には全国で約40万人を超える児童が疎開した。そして同年4月1日より国民学校初等科を除いて,学校における授業は1年間原則停止となった。

こうして明治期に形成された近代国家,近代公教育体制は,この第二次世界大戦における玉砕的な国家総力戦の戦いに全開し,国民の多大な犠牲と惨禍を代償に崩壊を迎えた。

4 新たな国家の出発と戦後教育改革

戦後の日本は平和と民主主義の国家理念に支えられ,教育システムの新たな構築が大きな課題であった。平和を希求する国民の育成は,戦後教育に期待するところが大きかった。教育と社会の結びつきがその後どのような形で日本の教育や学校を規定し,影響をもつことになるのかをみていくことにしたい。

国家・社会体制の再建と教育改革

日本は連合国軍の占領下におかれたが,実質的にはアメリカの単独占領であった。占領軍は東京に総司令部(GHQ)を設置し,最高司令官にはアメリカ大統領から任命されたマッカーサーが就任した。当面する教育管理政策は軍国主義と極端な国家主義の排除が目指された。たとえば「墨塗り」教科書(注:軍国主義や国家神道にかかわる記述を墨で黒く削除した教科書)や「修身,日

本歴史,地理」の授業中止が行われている。戦後の教育改革については,1946年3月「第一次米国教育使節団」(教育の専門家27名で構成)が来日し,全国各地をまわって日本の教育の実態を調査し,教育再建と新教育の基本方針を改善・勧告する報告書を作成した。それを受けて8月に内閣総理大臣の諮問機関として発足した「教育刷新委員会」(委員長安倍能成,47年11月より南原繁)によって,戦後教育改革の基本的な枠組みが作られた。戦後教育改革の骨格となる主な法制度の制定は,表4-1のようになる。ただし,「学習指導要領」は法制度と異なる性格のものであることを断っておく。制度一般には,社会的秩序を維持・統合する機能があり,制度には権力を正当化す

表4-1 戦後の教育関係法制と特徴

区分	法制(年)	特徴
教育理念	憲法(1946)	国民主権,基本的人権尊重,平和主義,受教育権
	教育基本法(1947)	人格の完成,機会均等,義務教育,共学,国民全体の奉仕者
学校教育制度	学校教育法(1947)	普通教育,単線型学校体系,9年義務制(新制中学3年)
	私立学校法(1949)	公共性,自主性の原理,学校法人,私学助成制度
教育内容	学習指導要領一般編-試案(1947)	試案(手引書),教育目標の提示,社会科,家庭科,自由研究の新設
教育行政	教育公務員特例法(1949)	条件附採用,政治的中立性,職務専念義務,研修の機会
	教育委員会法(1948)	地方分権・自治,一般行政からの独立,合議・公開制,民衆統制,教育委員の公選制
	文部省設置法(1949)	外的事項の条件整備,指導・助言・援助行政
教員養成	教育職員免許法(1949)	教育長,指導主事にも要免許,開放制免許状制度,
社会教育	社会教育法(1949)	国民の自己教育,相互教育,行政は条件整備

る根拠がある。制度とそれを支える理念の根本を，ここに示した法制度の特徴やキーワードからみていくと，戦後教育改革が目指した方向性が明らかになる。

まず基本的な法制定は，1949年までの戦後3～4年で作業を終えているが，そのうち最も根幹をなすものは憲法，教育基本法，学校教育法である。この三法の基本精神が，他の法制度にも貫かれている。それを大きく捉えれば，これまでの国家主義的全体主義から民主主義的個人主義への理念の転換である。こうした戦後の教育は「新教育」と呼ばれたが，民主教育の要諦は近代公教育原則である「教育の自由平等」と「教育の機会均等」の実質を目指すものである。

新教育の教育システムと揺り戻し

国民教育機関として，新制中学校（3年）の創設を含む6・3・3・4制の単線型教育制度を敷き，能力に応じて誰もが大学に行ける「教育の機会均等」をはかった。また新制高校は，「総合制・男女共学制・小学区制」のいわゆる高校三原則をもとに，希望すれば誰もが普通教育を受けられる教育機関とされ，旧制度下の中等教育機関と大きく変わった。すなわち能力と意欲さえあれば，教育に対して平等な機会が提供されたのであり，上級学校に進学する道は開けた。

とはいえ戦後復興期は，経済的に余裕のない家庭も多く，新学制の発足直後の1950年には，義務教育修了者の高校進学率は42.5%にとどまり，男子と女子の開きも大きかった（男子48.0%，女子36.7%）。新教育の理念を代表する教育は社会科であり，アメリカの教育理論を参考にしたコア・カリキュラムに基づいて，生活経験重視の問題解決学習が試みられた。

教育行政では，戦前の中央集権的な勅令主義は廃止され，地方分権の原則により「教育委員会制度」が導入された。教育委員会は，都道府県及び市町村におかれ，一般行政から独立した合議制の行政委員会である。住民への公開を原則として，教育委員は公選により選ばれ，原則5人（都道府県は7人）

で構成され，任期は4年である。

1950年に第二次アメリカ教育使節団（5名）が来日し，日本の教育改革の成果の検討と，補足的な勧告を行った。しかし朝鮮戦争が勃発し，アメリカは，日本をソ連に対抗する反共基地に再編する目的から，戦後占領政策を転換して再軍備を促すまでになった。ここにおいてはやくも戦後新教育は，軌道修正を余儀なくされ，教育の保守化が進められていく。

日本教職員組合の結成以後高まりを見せた教員の政治活動の抑止をねらった教育の政治的中立に関する教育二法，つまり「義務教育諸学校における教育の政治的中立性の確保に関する臨時措置法」と「教育公務員特例法の一部を改正する法律」が制定され（1954年），教育委員の任命制への転換（1956年），教科書検定の強化（1956年），教職員の勤務評定実施（1957年），学習指導要領の法的拘束化と「道徳」の特設（1958年）など，戦後新教育とは逆コースの政策が矢継ぎ早に実施された。一連のこうした施策は，教育における国（文部省）の権限を強め，統制を強化するものであった。

経済成長と教育要求

一方，日本の経済は，朝鮮戦争の特需景気により復興から成長の段階を迎えた。1956年の『経済白書』では「もはや戦後ではない」と記され，日本の社会は経済成長路線を歩むことになった。池田内閣による「所得倍増政策」（1960）を皮切りに，東京オリンピックの開催や東海道新幹線の開通（1964），大阪万国博覧会の開催（1970）と続く国家的なプロジェクトの成功は，高度経済成長を促進し，日本は国際社会での地位を取り戻した。1968年には，GNP（国民総生産）はアメリカに次いで資本主義国第2位に成長している。経済界は技術革新と人的能力開発が不可欠であるとして，産業技術教育の振興や後期中等教育政策に積極的な要求を出した（経済審議会「経済発展における人的能力開発の課題と対策」1963年）。

おりしもアメリカにおいては，ソ連の人工衛星の打ち上げによる「スプートニク・ショック」（1957）から，科学技術教育の見直しが国家戦略として

取り組まれた。教育における経験主義から系統主義への移行,「学問中心カリキュラム」が教育改革の課題となっていた。教育内容の現代化が叫ばれ,日本でも 1968〜70 年の学習指導要領の改訂では教科内容が増加されて,総授業時数はこれまでの最大となっている（詳しくは第 5 章,92-93 頁を参照)。

高度経済成長と高学歴への志向

　高度経済成長は日本の産業構造の中心を第一次,第二次産業部門から第三次産業部門へと変化させた。そして所得の向上は,いわゆる大衆の底上げといわれる中流意識の拡張をもたらした。戦後生まれのベビーブーム世代は,団塊の世代とも呼ばれるように大量に高校進学の学齢段階に達している。ちなみに高校進学率は 1954 年 50％を超え,その後も年々上昇を続けて 1961 年 63.8％,1970（昭和 45）年 82.1％,1975（昭和 50）年 91.9％というように急カーブで上昇し,2000 年以降は 95〜96％台で上げどまり,高校は準義務教育化されてきた。大学・短大の進学率も,60 年代から上昇し始め,2000 年代後半には 50％を超えるまでに達している（巻末資料・付表 4 参照)。こうして「一億総中流」といわれ「平等神話」が形成された日本社会の高学歴志向,高校教育の急速な量的拡大は,学歴取得を加熱させ,能力主義による高校教育の多様化を促した。受験競争の激化は,偏差値重視,知識偏重の詰め込み教育などから,生徒に過大な心理的抑圧をかける結果になった。入試難易度から「普・工・商・農」に学科がランク付けされ,高校の序列化を招いた。やがて不本意入学や大量の高校中退,校内暴力などの教育問題を発現させる要因にもなった。

　新たな教育改革の必要性から 1971 年 6 月,中教審は「共通一次学力試験」「放送大学」などを盛り込んだ「第三の教育改革」を目指す答申を行った（いわゆる四六答申)。それは戦後教育の「教育機会の拡大」が,わずか四半世紀のうちに量的に急拡大し,「受験競争」の激化,「教育病理」の発現など学歴社会の日本的な問題群が顕在化し,学校教育の再編・整備を迫られたことを意味した。

5 ポストモダンの教育システムの構築

戦後教育の見直しと教育改革の足取り

　中曽根康弘内閣は，それまでの中教審とは別に内閣直属の「臨時教育審議会」を発足させ（1984～1987年），4次の答申を得て「戦後教育の総決算」を目指した（一連の教育改革については，第9章「4. 世界の教育改革と日本」の項目で詳しく扱っている）。

　教育システムが機能不全，「制度疲労」の状態にあるという指摘は，産業界，教育界ともに起こっていた。教育改革の重点課題のひとつは戦後教育の見直し，もうひとつは構造改革に置かれていた。前者の戦後教育の見直しの動きは，首相の私的諮問機関である「教育改革国民会議」（2000年）の設立によって，教育基本法の改正を視野に戦後教育の総点検の作業に現れている。答申は17の教育提言を行い，その後の教育政策に大きな影響を与えた。後者の構造改革の要請は，日本経済の停滞を打破する，教育分野における規制緩和，競争原理の導入などにみられる。2002年「構造改革特別区域法」が制定され，教育特区においては株式会社・NPO法人による学校設立，学校選択や通学区域の弾力化，小中高の一貫校や小学校の英語授業などが試みられている。こうした構造改革の動きは，明治以来の日本の公教育制度の根幹に関係する義務教育費国庫負担の問題にも及んだ。

　2006（平成18）年，安倍晋三内閣の下で「教育基本法」の改正が行われ，それと並行して有識者らによる「教育再生会議」（野依良治座長）が立ち上げられた。「社会総がかりで教育再生を」をスローガンに，「ゆとり教育」の見直し，徳育の教科化，学力向上と良質な教員確保などの重要な案件がわずか1年の内に報告された。これらを受けて「緊急に必要な関係法律の改正」として，学校教育法，地方教育行政法，教育職員免許法および教育公務員特例法の一部を改正する，いわゆる「教育3法」が，2007（平成19）年6月可決・成立した。

　一方，教育基本法の改正は，公の精神を重視した，「我が国と郷土を愛す

る」という愛国心条項が明記された。また，旧教育基本法にあった教育行政における国家の教育内容への介入を防止する「国民全体に直接に責任を負う」条文が削除された。日本人が国家と郷土へそそぐ自然感情は，明治以来の近代教育の中で，国家主義と立身出世主義の重要なファクターであった。日本人が伝統的に抱いてきた自然な感情の「郷土愛」＝パトリオティズムを政治的な「祖国愛」＝ナショナリズムの中に溶融させて，「美しい国」の再生をはかる改正教育基本法の精神に「愛国心」はしっかり納まったとみるべきであろう。

これからの日本の教育と社会

　基礎学力の低下，若者の理数離れ，国際化に内向きな大学生等，学校教育の基礎的な脆弱さが問われている。しかも世界的な経済不況の波は，日本経済にも深刻な打撃を与えて，雇用や就学の局面にも社会の格差化の現実が現れている。学卒者のフリーターやNEET（ニート）の増加，雇用における正規と非正規雇用の格差，貧困と就学問題など，高度経済成長期に解決したと思われた経済的貧困と教育の問題が改めて焦点化されてきた。

　20世紀後半の教育改革を通して「教育機会の平等」と「教育の多様化」を制度的に拡大してきた。しかしながら，高学歴社会の中で「結果の平等」に関しては，「学力の向上」一つをとっても個人の学校選択の自由と自己責任，学校のアカウンタビリティにゆだねられ，教育の公共性と機会均等の観点からの検討は十分でない。また社会的背景（たとえば親の職業や学歴，経済力，文化資本など）の違いによる教育の達成度の差は，格差社会の中でより露わになっている。平等社会の通念は崩壊し，教育の格差化と不平等が問われている（参考：苅谷剛彦『大衆教育社会のゆくえ─学歴主義と平等神話の戦後史』中公新書1995年）。形式的な平等主義は学校教育を通して，格差社会の不平等の再生産に寄与するパラドックスを考えなければならない。

　2011年3月11日，東日本大震災が発生した。さらに原子力発電所の事故は被災地のみならず，日本全国，世界各国に大きな衝撃を与えた。『平成22

年度 文部科学白書』によれば，震災被災地（岩手県，宮城県，福島県）では全壊・半壊，浸水，地盤沈下等で学校施設が不能になり，私立幼稚園でも12園が開園できないという(7月4日時点)。とくに震災・原子力事故による避難区域圏内の学校では，別の学校への受け入れ幼児児童生徒数は，計2万1,769名にのぼった(5月1日時点)。被災児童生徒の学習機会の確保，「教育の機会均等」と教育水準の維持を図ることは喫緊の課題であるが，その一方日本の社会と学校の在り方を改めて問い直す契機でもある。災害救助や復興支援のボランティア協力の大きなうねりは「人と人とのきずな」，地域・コミュニティ基盤の重要性を改めて認識させ，学校教育が立脚すべき基盤と方向性も再確認された。新自由主義的な構造改革は，学区を弾力化・撤廃し，競争原理による学校選択の自由を掲げたが，学校の地域・コミュニティ基盤は切断・喪失される。そして何よりも原子力発電所の事故は，再生可能エネルギー（自然エネルギー）の積極利用・開発などの問題に今後の日本はどのような選択をするのかを問うことになった。

生涯学習の観点を踏まえて，2000年代に入り国連のサミット等で提案され，取り組まれ始めた教育プログラムにESD（Education for Sustainable Developmentの略語で,「持続可能な開発のための教育」）がある。経済を最優先させるのではなく，環境や社会などを含めバランスをもって調和させるホリスティックな価値観に基礎を置く教育である。これからの学校や教師自らの在り方と実践を変革し，新たな日本の社会と学校のつながりを示唆してくれるものと思われる。

考えてみよう
- 戦前と戦後の教育制度を,「教育の機会均等」の観点から比べてみよう。
- 日本の学歴社会の形成に,「立身出世主義」はどのような社会的機能を果してきたのか，考察してみよう。

「通過儀礼」

　人の一生において，ある節目を通過するときにとり行われる儀礼をいう。もともとは民族学者ヴァン-ジュネップ（Arnold van Gennep）が1909年に著した『通過儀礼』（英訳 *Rites of Passage*）という書名から一般に広まった。彼によれば，どの民族にも誕生，成人，結婚，死といった節目は共通にみられる行為である。個人は成長とともに所属する集団を移行するが，それにともない社会的な関係が変更されることにより，人生の大きな転換点を迎えることになる。たとえば子どもの誕生は，親子関係や家族の構成を新たに創生・変更することになり，また若者が成人を迎えることは未成熟で，いわば半人前の存在から社会的に「一人前」の地位と権利・義務を承認される節目を象徴している。このようにして，個人は通過儀礼を経て，「分離」→「移行」→「合体」という人生の節目に際しての危機的段階を乗り越え，人生の始めから終わりに至る「死と再生」を完遂できるという。

　日本においても古くから「人生儀礼」とか「冠婚葬祭」と言われてきたように，人生の節目の通過儀礼は，親族や部落・村落の人々と結びついた地域共同体（コミュニティ）の祭司的行事として営まれてきた。それだけにその地域独特の風習やしきたりがみられ，民俗文化を形成している。具体的なものをあげると，誕生と成長に関しては，生児に名前を付ける「お七夜」の行事がある。生まれた子をこの世につなぎ留め，人間世界への仲間入りを意味したものである。また生後30日ごろに行われる「初宮参り」は，氏神に氏子として認めてもらい，村の一員として承認される儀礼である。生後百日前後に「食い初め」，満一歳になると「初誕生」の祝い，地方によっては餅を子どもに背負わせてわざと倒すなどの儀礼（「一升餅」）もある。いわゆる「七五三」は，三歳，五歳，七歳の歳に村の氏神にお参りしたり晴れ着を着せて祝う，子どもの心身の成長を祝う節目の儀礼である。とくに七歳は幼児の死亡率が高かった時代に，親にとっては育て上げた安堵の気持ちも込められていた。今日では数え七歳は，小学校に入学する年齢でもある。新暦小正月の「サギチョウ（左義長）」，成人儀礼の「エボシギ（烏帽子儀）」なども成長に関わる通過儀礼である。

　若者に関しては，成人儀礼を終えた未婚の男女が自宅を出て，同世代の仲間と村内の家の一室を借りて寝泊りをする「寝宿」の習俗がある。男子は「若者宿」，女子の場合は「娘宿」と呼ばれ，地域によりトマリヤド，ワカモノヤド，ワカシュウヤド，ニセヤド，ヨナベヤド，ヘヤ，コヤド，ネドなどと称されてきた。今

日でも愛知県知多半島沖にある篠島では「寝宿」の風習が残っている。中学を卒業する頃に4，5人から7，8人の組仲間を作り，誰かの家を寝宿に頼み週末や学校が長期の休業期間に寝泊している。仲間はホーバイまたはヤドコ，宿の主人はヤドオヤと呼ばれ，なにごとにおいてもヤドオヤに対しては絶対服従の関係であるが，「おやじ」とか「おやっさん」と呼んで実の親以上に親しみをもち，その関係は終生続くといわれている。

　高度に文明化され産業化された今日でも，このように通過儀礼は，家庭や地域のお祝い行事や祭礼・儀式として，形式や名称には変容が見られても私たちの周囲に残されているものも多い。そうした意味では「学校」という学齢集団も，ライフコースにおける現代的な「通過儀礼」の役割をもっているといえよう。

　しかしながら今日，子どもが初めて迎える学校社会や学級集団へのイニシエーション（入社式）が順機能として働かない問題状況が，「小１プロブレム」として学校関係者に注目されている。小１プロブレムとは，基本的な生活習慣がまだ身についていない児童が，授業中に勝手に立ち歩いたり，騒いだりする問題症状である。

　集団からの分離－移行が順調に運ばない同様の問題は，小学校から中学校へと学校集団が移行する段階でも，いわゆる「中１ギャップ」として問題化している。中学校における学習や生活の変化に適応できずに，不登校やいじめの急増につながるような問題傾向が現れている。

　一方，2011年3月11日に発生した東日本大震災と福島県の原発事故により避難生活を余儀なくされた被災地では，地域の荒廃や住民の離散によりコミュニティが崩壊している。地域に根差してきた「通過儀礼」の営みそのものがもはや困難になり，後世への継承が断たれようとしている。このように現代社会において，子どもが育つ家族環境の変化，仲間集団の変容や対人コミュニケーションの希薄化，さらに地域社会の崩壊などの問題状況を前に，改めて「通過儀礼」が果たす社会化機能や地域の歴史文化をはぐくむ教育的価値について，教育社会学の視点から考えてみることは重要である。
【穂坂明徳】

参考：A. V. ジェネップ著，秋山さと子・永信美訳『通過儀礼』新思索社，1999年
　　　八木透編『日本の通過儀礼』思文閣出版，2001年
　　　石井研士『日本人の一年と一生』春秋社，2005年

ニート（NEET）

　ニートとは英語の、Not in Education, Employment or Training を訳した造語で、「教育、就業、職業訓練のどれにも参加しない状態（人）」を指している。もともとはイギリスの政府機関の報告書で使用されたのが始まりとされている。日本においては厚生労働省が、「15～34歳の非労働力人口の対象者で、学生と専業主婦を除いて、家事も就学もせず、求職活動に至っていない独身者」をニートと定義している。いわゆる「引きこもり」といわれる若者の場合、「就業の希望を有しない」とされ、統計上ニートとして扱われている。一方、フリーターは、アルバイトやパートタイム勤務で一応の生計を立てているとみなされて、労働者として扱われる。

　「ニート」の数は、総務省統計局の「労働力調査」によれば、2002（平成14）年以来、62～64万人の間を推移しており、年齢層で見ると2009年度は、15～19歳10万人、20～24歳16万人、25～29歳18万人、30～34歳18万人となっている。20代前半に就業の機会をもたず、また就労の意思も有しない場合に、20代後半以降若年無業者に陥る傾向が高い。

　ニートという言葉により、「教育を受ける意思がなく」「就労意欲を喪失した」社会性欠如の若者もしくは、「引きこもり」と混同されてネガティブな偏見をもって見られがちであるが、教育上も慎重に考えられなければならない。今日、社会の格差化がますます深刻になっている中で、貧困や生きづらさの問題、就活の失敗、ワーキング・プアなどさまざまな要因が絡んでいる。ニートの支援は、必ずしも「引きこもり」対策と同義ではない。これまでの就業支援策では適切に対応できない若者への支援として、労働政策上だけでなく学校教育段階においても、たとえば「働くこと」の意義、「労働の喜び」、「仕事を通しての社会参加」などを体験活動などとともに身につけさせることは、ニートの予備軍を防ぐ意味からも重要であろう。

　なお、若者の自立に向けた支援機関には、「地域若者サポートステーション」（略称「サポステ」）、「ジョブカフェ」（正式名称は、「若年者のためのワンストップ・サービスセンター」）、「ハローワーク」、「若者自立支援中央センター」などがあり、就職セミナー、職場体験、就業相談・紹介等が無料で行われている。　【穂坂明徳】

第5章

カリキュラムと教科書

●**本章のねらい**●

学校のカリキュラムは，わが国では「学習指導要領」で大綱化され，使用される教科書も基準が定められている。学校で学ぶ知識や規範などは，社会的な要請を取り入れて国によって正当化され，統制されている。カリキュラムを支える基盤やしくみについて，批判的に考えてみよう。

1 カリキュラムと学校教育

　学校は教育の目的にそって児童・生徒を意図的，計画的に教育し，その目的を達成することを社会的に任されている機関である。具体的な教育目標を掲げて，その実現に最も効果的，効率的な教育方法を選びながら，教育内容を選別・重点化して学習活動を進める。そうした学習活動の総体を編成したものをカリキュラムと呼ぶ。もともとカリキュラム（curriculum）という語は，古代ローマ時代の戦車競走の走路（トラック）の意味をもつラテン語の「競馬場のコース」（cursum；英 race course）を表している。戦前は「教科課程」，「学科課程」と呼ばれたが，戦後になって「教育課程」という語が用いられるようになった。

カリキュラム開発の歴史

　戦後は，それまでの国家統制的・軍国主義的な教育内容の反省から，学校や地域で独自のカリキュラムの編成や開発の動きが高まった。1950年代前

半にかけてアメリカのカリキュラム理論が導入され，とくに新設された「社会科」のベースになったヴァージニア州初等学校のカリキュラム・プラン「コース・オブ・スタディ」が大きな影響を与えた。いわゆる新教育運動の展開の中で，「実験学校」的な性格をもつ東京高等師範学校附属小学校の「コア・カリキュラム」の研究をはじめ，各地で児童中心主義的な「生活カリキュラム」などの教育実践が推進された。戦後の教育の民主化を図るねらいから，教育現場でもカリキュラムの自主編成の機運が高まった。「川口プラン」（埼玉・川口市）をはじめ，「北条プラン」（千葉），「本郷プラン」（広島），「明石プラン」（兵庫）など，住民と教師が共同した地域教育計画論が各地で作られた。また 1948 年には，梅根悟，石山脩平らによりコア・カリキュラム連盟が結成され，機関紙『カリキュラム』が発刊されている。

教育課程の構造とカリキュラム類型

　教育課程の構造は，学習活動の領域・範囲（scope，スコープ）を横軸に，教育内容の配列・順序（sequence，シークエンス）を縦軸にとって構成される。つまり児童・生徒の興味・関心の広がりや発達段階に即して，教育目的に応じた教育内容の選択，配列が構造化されてカリキュラムとして組織編制されるのである。

　カリキュラムの構成形態は多様であるが，教育内容の「統合」化，教科（領域）相互の関連に着目した 6 類型はよく知られている。

(1)　**教科（Subject）カリキュラム**：体系的な知識や文化内容を教育的に体系づけた教科の枠で構成されている。国語・算数（数学）・社会・理科など。

(2)　**相関（Correlated）カリキュラム**：教科の枠を維持しながら，近縁の複数教科の相互関連を図り教育効果を高めるもの。地理・歴史・公民のように同質的な教科関係と，国語・歴史のような異質的な相関のタイプがある。

(3)　**融合（Fused）カリキュラム**：教科の枠を撤廃し，共通した学習の課

題や要素を基礎に再編成するもの。代表的なケースは，地理・歴史・公民的な要素を融合させた「社会科」や物理・化学・生物的な要素を取り入れた「理科」にみられる。

(4) **広領域（Broad-fields）カリキュラム**：教科の枠を完全に取り払い，近縁の教科群を一層融合させて教育内容を広領域で再編成するもの。高等教育などで，「人文」・「社会」・「自然」の領域で基礎教養教育をカバーしようとするカリキュラムの編成にみられる。

(5) **コア（Core）カリキュラム**：カリキュラム全体の中で，中核（コア）となる教科や領域を中心課程として設定し，その周辺に各教科を配列して（周辺課程），全体を統合化するもの。戦後の「コア・カリキュラム運動」では，「社会科」をコアとして，国語や算数などの教科が周辺課程に配置された。

(6) **経験（Experience）カリキュラム**：学問や教科の系統性や発展性に基礎を置くより，子どもの日常生活の経験に基づく興味や関心，欲求から教育内容を選択して組織するもの。

以上にみる類型は，「教科中心」型と「経験中心」型を両極にして，その程度に応じてそれぞれのタイプが間に位置づいているとみることができる。実際には，いくつかのタイプが組み合わさってカリキュラムが作成されている。学校教育の特色化には，何に重点を置いて教育課程を編成するかということが重要である。

2 社会変化と学習指導要領の変遷

教育課程の編成は各学校が主体となり，学校長に編成権がゆだねられている。とはいえ編成に関しては，学習指導要領等で規定されている。たとえば，教科や領域の構成，授業時数，学年，授業日，休業日，学級編成等にいたるまで，国・文部科学省によって基準が設定されている。

学習指導要領そのものは法律ではないが，文部科学大臣が告示する形式に

表5-1 学習指導要領の改訂と社会変化

年	内容的特徴	キーワード	小／中 年間授業時数	高校／大学等進学率 [経済成長率]
1947	試案，修身や地・歴の廃止，社会科，家庭科の新設，経験主義や単元学習	新教育，問題解決学習	5565-5915 /3150-3570	（50年） 42.5%／30.3%
1951	「教育課程」，領域は教科と特別教育活動，個人生活の充実，能力の最大発展	特別教育活動	5780 /3780-5250	45.6%／23.6% [約年10%]
1958	告示（法的拘束力），道徳（倫社）の新設，基礎学力の向上，国・算（数）・理の時数増，義務教育の一貫性，4領域構成	系統学習，科学技術教育の充実	5819/3360	53.7%／16.5% [56-65年度] [平均9.0%]
1968	系統性の重視，授業内容・時数増，理数系の高度化，3領域構成	教育内容の現代化，「落ちこぼれ」	5821/3535	76.8%／23.1% [66-73年度] [平均8.9%]
1977	教科内容・時数の精選・削減，基準の弾力化（大綱化），知・徳・体の調和と統一	ゆとりと充実の学校生活	5785/3150	93.1%／33.2% [74-90年度] [平均4.2%]
1989	生活科（小1・2），情報基礎の新設（中学），選択履修拡大，高校社会科を地歴・公民に，世界史必修，家庭科男女必修，習熟度別指導	個性重視，国際化，新学力観，国旗・国歌の指導	5785/3150	94.1%／30.6% [74-90年度] [平均4.2%]
1998	指導要領の大綱化・弾力化，学習内容3割減，総合的な学習の新設，完全週5日制，	生きる力，ゆとり教育，絶対評価	5367/2940	95.9%／42.4% [91-2010年度] [平均0.9%]
2008	公共の精神重視，基礎・基本の定着，理数教科の授業時数・内容の増加，言語能力の育成，体験活動の充実	改正教育基本法，脱ゆとり教育，確かな学力，キャリア教育，食育	5645/3045	[91-2010年度] [平均0.9%]

資料）進学率は各年度『学校基本調査』，経済成長率（実質）は『日本の統計』（総務省経済局）の年度数値の単純平均。

より，教育課程を編成するうえでの公教育に対する国家的な基準性をもっている。戦後ほぼ10年ごとに見直され，経済発展や国家の教育政策の要請を受けて改訂されてきた。学習指導要領の改訂の流れをみれば，教育知識の伝達が国家的にどのように改変・付与され統制されてきたのかを知ることができる。

戦後の学習指導要領の改訂の特徴と社会変化の関連を表にまとめたものが，表5-1である。社会変化の指標として，「高校／大学進学率」，「経済成長率（実質）」を関連づけている。教育課程の改訂動向は，政治・経済の政策動向と密接にからみ，規定されていることがわかる（参考：原清治編著『学校教育課程論』学文社，2005年）。

戦後新教育と経験主義カリキュラム

戦後最初の学習指導要領は，正式名は『学習指導要領　一般編（試案）』とされていたように，戦後の新教育を模索する教師自身の研究手引書であった。アメリカの経験主義的教育理論を基礎としたコース・オブ・スタディをもとに作成され，修身・歴史・地理を廃し，民主主義的な教科としての「社会科」を新設した。学校現場にカリキュラムの編成がゆだねられ，「問題解決学習」，「記憶的学習」，「観察的学習」などの指導法が例示されていた。

1951年の最初の改訂では，「教科課程」から「教育課程」に用語が変えられ，教科は4領域に再編された。たとえば国語と算数，理科と社会，音楽・図工・家庭というように合科的な授業が意図された，柔軟なカリキュラムであった。また児童会や委員会活動，学級を単位とする学級活動，クラブ活動，学校行事などを「教科以外の活動」（小学校），「特別教育活動」（中学校）として，「教科活動」とともに教育課程を構成した。

系統主義カリキュラムと国家意識の涵養

1950年6月，朝鮮戦争の勃発によりアメリカの対日占領政策は大幅に変更された。国際関係や国内の保守合同の政治状況は教育政策にも敏感に表

れ，それまでの民主的な方向から，「愛国心」や「道徳教育」・「教育勅語」の復活要求，「国旗・国歌」の称揚など復古的国家統合を重視する保守的な教育政策への転換が政治的に進められた。

経験主義的な教育実践は，「はいまわる経験主義」として批判され，「系統主義」の教育へと移行した。基礎学力の重視から国語・算数の授業時数が増加され，道徳（高校では倫理社会）の新設，科学技術教育の向上のため数・理・技術家庭の系統主義的改善が特色となっている。教育課程は，各教科，道徳，特別教育活動，学校行事等の4領域に構成された1958年改訂の学習指導要領は，こうした意味で極めてイデオロギーの濃い内容を含むものである。学習指導要領は「試案」の位置から，法的拘束力をもつ性格となり，文部大臣の「告示」という形式が定着する。また教科書検定の権限は文部省に帰属する点も明確化された。

高度経済成長と能力主義カリキュラム

戦後の経済社会の復興を一応遂げ，日本経済・産業界は右肩上がりに発展していく。1956-62年度平均の経済成長率は9.1％，高校進学率は50年42.5％から62年64.0％へと急激に上昇している。「もはや戦後ではない」と経済白書が宣言したのが1956年である。重化学工業が成長し，科学技術立国を担う技術者養成，科学技術教育の振興が急務の課題となった。学習指導要領には，このような経済近代化路線と伝統保守路線の混在が認められる。

1957年のスプートニク・ショックをうけたアメリカの「教育内容の現代化」運動，すなわち小・中学校段階からの「科学（学問）中心カリキュラム」開発を主導した能力主義的な教育改革の波は，10年後の日本に押し寄

> **スプートニク・ショック**
> 米ソ冷戦下で，アメリカに先んじたソ連の人工衛星（スプートニク1号）の打ち上げ成功は，アメリカ社会に多大な衝撃を与え，アメリカの科学技術教育と英才教育に取り組む教育改革を促す契機となった。

せた。高校進学率は1968年76.8%に達し，経済成長率においても66-73年度平均8.9%という高成長を維持している。

1968年学習指導要領の改訂は，産業界が喫緊の課題とする工業化推進のための技術革新と企業経営の近代化，合理化に見合う人材育成を教育界に求めた内容である。「教育投資論」の観点から能力主義的な教育改革が，産業界から相次いで打ち出されていた。

1957年「高等学校における産業教育のあり方について」（中央産業教育審議会建議），60年「産学協同について」（経済同友会，要望書），61年「技術教育の画期的振興策の確立推進に関する要望」（日経連・経団連，要望書），63年「経済発展における人的能力開発の課題と対策」（経済審議会，答申）。経済政策に連動した教育要請は，学力向上の重視，各教科の知識量の増加と教育内容の低学年への繰り下げ配当により，小／中学校の年間授業時数は5821／3535時間にのぼり，教育課程は，各教科，道徳，特別活動の3領域に構成された。

教育現場ではかつてない最大の「詰め込み」・「過密」授業が展開することになった。その弊害は「新幹線授業」と称されるカリキュラムの消化に追われて，授業についていけない多くの「落ちこぼれ」の児童生徒を生み出すことになった。高校進学率の急進は，大学受験競争を過熱させ，いわゆる「偏差値重視の受験教育」が昂進する。1973年のオイルショック以降経済成長率は90年度までの間，年平均4.2%と急減している。欧米先進国が経済的な行きづまりの打開を能力主義的な「学力の質向上」の教育改革に求めた動きに反して，日本は1977年改訂で，教育内容の精選・授業時間数の削減という「ゆとり教育」にシフトを始めた。この流れは1980年代の中曽根内閣による「臨時教育審議会」（臨教審84～87年）の答申を受けた1989年の改訂，さらに10年後の1998年の「ゆとり教育」を実質内容とする学習指導要領まで引き継がれた。

新学力観とゆとりのカリキュラム

　第三の教育改革をうたった臨教審は，追いつき型の近代化終焉＝モデルなき自主的近代化の模索，ポストモダンの教育改革に踏み出した。89年改訂は臨教審答申，教育課程審議会答申を受けて，「自己教育力」の獲得をキーワードに，心豊かな人間の育成（道徳・勤労・奉仕体験教育），基礎基本の重視と個性教育，さらに愛国心教育が強調された。具体的には，小学校では観点別の絶対評価（関心・意欲・態度）の導入，低学年には「生活科」の新設，中学校では選択教科が全教科に拡大され，選択授業時数は週換算最大で1年4時間，2年6時間，3年8時間まで増加可能とされた。とりわけ「生活科」は，子どもの主体性，直接体験を重視する学習活動であり「知的な気づき」を大切にし，①学校生活，②家庭生活，③地域とのかかわり，④公共物・施設，⑤身近な自然，行事，⑥遊び，⑦飼育・栽培，⑧自分の成長などがあげられている。

　この新学力観とゆとり教育の路線は，98年改訂ではさらに徹底され「生きる力」の育成を理念として，「知の総合化，主体化」による「学び」が求められた。最も特徴的なものは，教科横断的・総合的な「総合的な学習の時間」の新設である。「ゆとり」の対応には，量的な時間数の削減と質的な教科内容の精選が考えられる。前者は完全週5日制により，後者は教育内容のスリム化によって実体化している。

　日本経済は1990年代のバブル経済の崩壊以降，出口の見えない長期低落傾向に落ち込んでいる。この期間経済成長率は年度平均1％を割り込んでいる。「小さな政府」を志向する新自由主義的な構造改革は，教育の分野も例外としない。全国学力調査が復活され，国際的な学力調査においても「学力低下」が顕在化する（「PISAショック」）と同時に，ゆとり教育批判が一気に噴き出した。教育の成果＝学力の向上という図式は，テスト成績の順位づけという視覚化・単純化された評価によって，国際比較および各自治体間，学校間の公教育の質・量が競われることになる。学力向上路線への転換を文部科学省は2002年「学びのすすめ」のアピールで行った。

経済の低迷，雇用の不安定化，社会的格差の拡大等の経済社会のマイナス要因を背景に，2008年の学習指導要領の改訂は明確に「脱ゆとり教育」に文教政策の転換を行い，教育基本法（06年），学校教育法（07年）の改正内容（公共の精神，伝統や文化の尊重，愛国心など）を実質化した。学力重視の表れは授業時数・授業内容増に端的に反映した。とくに国際学力比較調査での学力低下とされた言語活動，理数教育の基礎的必修科目，子どもの体力低下・体験不足に対応した体育などの時間増と小学校への英語活動の導入が特徴的である。一方で「総合的な学習の時間」は年間単位時間がおよそ3分の2に縮減された。学習指導要領は最低限の基準であり，教育内容についてはこれを超える内容を扱うことも可能であるとして，文部科学省は学力向上と優秀児への教師のより積極的な教育指導を促している。

3 教科書とその検定・採択のシステム

　教育目標を効果的に達成するために，授業において教師と学習者を媒介するものが教材・教具と呼ばれるものであり，最も主要な教材が「教科書」である。教材にはほかに，副読本，資料集，ワークブック，問題集，参考書なども含まれる。学校では法令上，文部科学大臣の検定を受けた教科用図書・教科書の使用が義務づけられている。授業実践において教科書のもつ重みは大きい。戦前の天皇制国家では，国定教科書を絶対的なものとみなし，「教科書を教える」ことが至上命題とされた。しかしながら，戦後は学校や教師が自主的に教科書を選択することができるようになり，「教科書で教える」という考えに変わった。教科書は授業目標に沿って選ばれる効果的な教材のひとつ（ただし主要な）ということになる。しかしながら，教科書をめぐっては検定制度や採択のシステムについて，歴史的に論議や問題が投げかけられてきた。

教科書検定制度

　教科書の検定制度は，文部科学大臣が民間で著作・編集された申請図書に関して，教科用図書検定調査審議会に諮問して合否の決定を行うものである。学習指導要領の準拠性，題材・内容の正確・公正性，内容・分量の適切性などによって判断される。学習指導要領に法的拘束力をもたせた1958年以降，教科書の検定は強化され，しばしば題材や内容事項，記述表現，発達年齢との妥当性などに関して検定不合格や条件付合格，修正指示をめぐり論議を呼んできた。1965年には家永三郎東京教育大学教授の提訴により，教科書検定制度の違憲・違法性が裁判で争われた。いわゆる「家永裁判」は自著『新日本史』（高校社会科教科書）の不合格処分の問題にとどまらず，戦後教育行政のあり方や教育権をめぐる憲法裁判の性格をもち，検閲禁止，学問の自由，教育を受ける権利などについて争われた。3つの訴訟は，1997年8月結審まで30有余年の長きにわたり，一部検定の違法性が出されるなど検定制度がもつ権力統制機能が注目されるものとなった。

教科書採択のシステムと問題性

　では義務教育諸学校で使用される教科書は，どのような形で選択・決定されているのか。採択の権限は教育委員会にあり，1963年「教科書無償措置」に関する法律が制定されて以降，無償であるとともに広域採択制度や発行者指定制度が設けられ，実質的に教科書の選択幅の縮小と内容統制が強まった。採択地区内の市町村には同一の教科書の採択が4年間義務化されている。採択に至る手順は，都道府県（もしくは指定都市）の教育委員会に校長，教員，指導主事，学識経験者などから構成される「教科用図書選定審議会」が設置される。教育委員会から任命された教科書調査員の調査・報告，教科書展示会の開催，現場教員の所属学校を通じた意見文書などを参考に種目ごとに一種の教科書を採択する。なお，高等学校の場合は学校ごとに採択が行われるので，広域採択にはならない。

　採択をめぐっては審議会の委員の教育的専門性や識見，メンバー構成など

の要素が，決定を左右しがちである。いきおい委員の選任権限をもつ教育委員会，首長の立場が大きな影響を及ぼすこともある。近年の問題事例では，特定の教科書の編集に携わったものが選定委員についていたこと，また政令指定都市の教育委員会がそれまでの各区単位の採択地区を全市1区に統一して，中学校の歴史と公民の教科書の採択に政治色の強い決定を行ったこと（しかも採択を支持した委員はすべて前市長が任命していた），さらにいくつかの市町村が共同で同一教科書を選ぶ広域採択制度のもとで，最後まで市町村の考えが食い違い，教科書無償配布が困難になるケースなど，教科書採択のシステムが内包する問題点と限界を露呈している。本来ならば地域や児童・生徒の実態に合わせて，教科書も多様なものであってよいであろう。また，広域採択制度は，広範囲で同じ教科書を使用するために，供給量や検定制度への組織的な対応力が大きくものをいい，資本力のある大手の教科書発行会社の寡占化を促す結果をもたらしているのである。

4 カリキュラム開発とカリキュラムの社会学

このようにカリキュラムの問題は，学校知識の伝達過程における外在的統制とそのイデオロギー性が問題となる。「カリキュラムは人の学習経験のみならず人格構造まで枠づける社会装置として把握され，その教育課程は学習者の統制過程とみなすことができる」（田中統治「カリキュラムの社会学的研究」安彦忠彦編『新版カリキュラム研究入門』勁草書房，1999年）のである。すなわち学校組織として社会構造に組み込まれた教育過程は，国家の正当化された知識の伝達・受容とその結果を評価するカリキュラムを媒介して統制機能を果たすことになる。

地域とカリキュラム開発

1970年代に入り，国家によるカリキュラム開発に対して，カリキュラムの意思決定権の委譲や学校の自律性を実践的に推進する「学校に基礎を置く

カリキュラム開発」（SBCD : School-Based Curriculum Development）の運動が新たに起きてきた。SBCDは学校の特性を踏まえ，教師を中心にカリキュラムの計画化，実行・評価，フィードバックなどの一連の相互作用を通じて教師の実践的知識をカリキュラム開発に結びつけようとするものである。

カリキュラムの社会学

　さて，新しい教育社会学研究は，学校において伝達される学校知識を相対化し，社会的・歴史的に編成され，正当化された文化資本としてのカリキュラムの伝達過程に注目してきた。それはまたカリキュラムの社会的な選択・組織化，学習者へ内在化させるメカニズムとその社会的支配関係を実証的に解明しようとするものである。イギリスの教育社会学者バーンステイン（Bernstein, B.）は限定コードと精密コードの２つに類別される言語コードと社会関係に注目し，学校で使用される言語コードは中産階級に親和的な「精密コード」が主体であり，学習活動においても中産階級の子どもに有利に働くことを示した（参考：バーンステイン『言語社会化論』明治図書，1981年）。またブルデュー（Bourdieu, P.）の文化的再生産論は，学校内部組織が階級統制的に機能していて，学校知識の「文化的恣意性」（注：階級的な偏り）によって支配階級に有利なカリキュラムが産出され，学校は文化的不平等を再生産する社会的装置であるという（参考：ブルデュー＆パスロン『再生産』藤原書店，1991年）。アップル（Apple, M. W.）は教育や文化のような権力作用は非強制的・間接的な支配統制力をもち，教育や文化は相対的自律性をもっている。そのためカリキュラムこそは文化的ヘゲモニー（覇権）に抵抗する戦略的なイデオロギー闘争の拠点となりうるとみる。既存の教育に状況依存的な教師にむかって教育実践主体としての内省による抵抗の契機を見出そうとする（参考：アップル『学校幻想とカリキュラム』1986年，『教育と権力』1992年，ともに日本エディタースクール出版部）。このような学校知識やカリキュラムの社会学的な理論の探究は，日本の教育現実の解明にも新しい視座を提供している。

第5章　カリキュラムと教科書

カリキュラムと階層格差の視点

　「階層と教育」問題を通して教育における不平等を問題にしてきた苅谷剛彦は，努力の指標としての学習時間に社会的階層差を見いだし，「努力＝平等主義を基調とする日本型メリトクラシーにおいて，メリトクラシーの信奉は，能力の階層差を隠すにとどまらない。それは努力の階層差をも隠すことにより，教育達成の不平等を二重に隠蔽するイデオロギーとして機能するのである。」（苅谷『学力と階層』朝日新聞出版，2008年，86頁）と指摘している。1990年代後半に起こった学習指導要領の改訂と学力低下論争は世の注目を集めるところであったが，90年代の文部省の教育課程政策を「カリキュラムと学力」の観点から批判的に考察した本田由紀によれば「少なくとも現段階では教育システムの閉鎖性の根幹をゆるがすものではなく，表層レベルの変化にとどまっている」とみる。すなわち教育内容の変化は主に量的なものであり，「生きる力」や「関心・意欲・態度」の強調はさらに拡大し，改訂のプロセスは相変わらず密室の中であるという。結局「教育システムが依然として閉鎖性・硬直性の核となる部分を維持している」（「90年代におけるカリキュラムと学力」『教育社会学研究』第70集，2002年，119頁）という指摘は，カリキュラムに正当化された学力の内実への切開にいたらず，制度化された教育内容の安定性に変わりはないことを示唆する。

　学力低下の問題についていえば，社会学的な関心は「学力水準」の低下よりもむしろ「階層格差」の拡大に向けられていた。小学校6年生の算数学力の格差要因の研究は，私立中学校の有無，進学準備の必要性，家庭の教育戦略等の地域的環境の差異が学力形成過程に決定的な差をもたらしていることを明らかにしている。「学力格差は，もはや教育問題ではない。格差が家族や地域を通じて社会構造自体に由来するからである」とまでいう（耳塚寛明「小学校学力差に挑む　だれが学力を獲得するのか」『教育社会学研究』第80集，2007年，34頁）。教育内容の格差化は，カリキュラムの弾力化，特色化，自由選択制が高等学校で導入されてきた教育改革の多様化政策にも反映している。生徒の学力水準や進路と対応したカリキュラム・タイプの選択を階層化の視点か

らみたカリキュラム・トラッキングの分析は，学力や高校ランクよりも進路希望の要因にカリキュラム・タイプは規定され，「カリキュラム・タイプの選択においても，卒業後の進路選択においても，親の教育程度が直接的に，無視できない程度に強く働いていた」結果を示していた（荒牧草平「現代都市高校におけるカリキュラム・トラック」『教育社会学研究』第73集，2003年，37頁）。

　以上に概観したように，教育課程の制度，内容，政策，実践の各レベルにおいて社会的階層化の影響と拡大は免れえない。それは学校の内部過程に及び，学校知識の選択と伝達過程をも格差化する現実を明らかにしている。今日では学校・教師不信の増幅と教育改革の要請という圧力で国家の統制強化がさまざまな教育の次元で作動している。カリキュラムを人間と社会の再生産システムに編みこまれかつ媒介する社会的産出物として，社会的文脈の中で捉えかえす視点の重要性がいっそう増している。

考えてみよう

- 学習指導要領の改訂の歴史は，〈経験主義〉重視と〈系統主義〉重視の間の振り子の往復とみる見方もある。各年次の改訂の特徴を整理して，いずれの傾向に近いか分類してみよう。
- 学校知（日常知に対比して）が正当性をもちうる根拠はどこにあるのであろうか。カリキュラムの社会学的アプローチをてがかりに，考えてみよう。

コース・オブ・スタディ（Course of Study）

　戦後の小学校，中学校，高等学校の教育課程編成の手引き（のちに基準）となった『学習指導要領』の作成に当たり，参考とされたアメリカの学習指導要領。とりわけ「社会的経験」を基礎とした「作業単元」を普及させたヴァージニア州やカリフォルニア州のプランが下敷きとされた。

　ヴァージニア州の「コース・オブ・スタディ試案」は，1934年に同州の小・中学校で実施され始めた。当時大恐慌の下で困窮した農村地域を学校が地域社会の文化センター的な役割を担うことにより，地域社会の再生復興と産業発展をカリキュラムに具体化することから作成された。そのために民主的な社会を築くうえで求められる諸能力を明確にし，その育成に最適かつ有効な教材を選択・配列することを目指した。端的に言うならば，学校は社会の維持と再創造の機関であり，社会的態度の育成の方法論として，「すべての学習は経験より生じる」という原理，すなわち〈経験主義〉が提唱された。

　カリキュラムの構成は，将来子どもたちが参加する社会生活の諸機能を取り込んだもので，すなわち生産，分配，消費，通信，輸送，生命財産の保全などの領域にわたっている。教育内容は既成の教科の枠を超えて教科横断的に編成し，子どもが日常生活の中から発見した問題を総合的に学習させる授業を共通必修コース（コア・コース）として，実践的・創造的な問題解決能力を育てることをねらいとした。今日の「総合的な学習の時間」は，ほぼこうした取り組みに近い学習活動である。

【穂坂明徳】

参考：佐藤　学『米国カリキュラム改造史研究―単元学習の創造―』東京大学出版会，1990年
　　　長尾十三二『西洋教育史　第二版』東京大学出版会，1991年

「学力低下問題」

　2004年12月にマスコミ誌上で2つの国際学力調査の結果が報道された。OECDによる「学習到達度調査」（PISA）と国際教育到達度評価学会（IEA）による「国際数学・理科教育動向調査」（TIMSS）である。新聞紙面は、PISAに関しては「日本、学力大幅に低下」（日経）、「日本の十五歳『学力トップ』陥落」（読売）、またTIMSSについては「理数の学力、小中も低下」（日経）、「学力低下、理科も深刻」（朝日）と報道［成績順位については第9章のコラム参照］。この報道を契機に、「ゆとり教育」と「学力低下」を関連づけたヒステリックな声が、マスコミや政治家から湧き上って「学力低下論争」が沸騰することになった。

　しかしながら、そもそも学力の低下を憂慮する動きは、西村和雄他編『分数ができない大学生』（東洋経済新報社、1999年）で大学生の学力不足が指摘されたことにはじまる。当時は、大学生の学力低下の原因は大学入試科目から数学を外していることに求められた。その後『小数ができない大学生』『算数ができない大学生』などを次々と送り出し、「学力低下」を告発する一方の代表格になった。他方で教育学者の佐藤学は「『学び』から逃走する子どもたち」（『世界』1998年1月号、岩波書店）の中で、子どもたちは「学力」にとどまらず、教養を身につけることもできなくなり、そこには社会階層の格差が現れていることを指摘した。新自由主義的な教育改革が進められる中での、教育政策への告発でもある。苅谷剛彦はより一層「階層間格差と学力低下」の問題に切り込んで、努力＝平等主義を基調とする日本型メリトクラシーにおいて、「インセンティブ・ディバイド」（意欲格差）の拡大が教育達成の不平等を深刻化させているにもかかわらず、イデオロギー的に隠蔽していると警告する。

　先の新聞報道を契機に、当時の中山成彬文部科学大臣は「ゆとり」路線からの転換を示唆し、「国・数」の増強、「総合的な学習の時間」の削減を含めた教育課程の見直しへと舵を切った。さらに大臣は「競い合う教育」を奨励し全国学力テストの実施を打ち出す。こうして学力低下問題は、「ゆとり教育」と「学力低下」の相関について学問的な検証が明らかになる前に、「確かな学力」路線へと転換を促す契機になった。

【穂坂明徳】

第6章

学校生活の社会学

●本章のねらい●

第4章では、学校と社会の関係について、社会の変化とともに学校制度がどのように変わってきたかを考えた。本章では、学校社会学のもうひとつのテーマである「学校社会」について考察する。学校は教育と学習の場であると同時に生活の場である。子どもたちは1日の3分の1を学校で過ごし、授業時間に教科内容を学ぶだけでなく、友達とのつきあいを含めて集団の一員としての身の振り方など多くのことを学んでいる。

1 学校と教室

近代学校と子どもの生活

　教育といえば学校で行われている営み、学校といえば子どもたちが毎日通っている施設、そして学校には学年と学級別に教室があり、そこで子どもたちは学校にいる大半の時間を過ごす、というように教育と学校と教室とは、「連想ゲーム」よろしくごく自然に私たちの脳裏に浮かぶ。こと程左様に学校での教育、教室の中で過ごされる子どもたちの生活と時間は今日ありふれた風景となって、日常化している。教育は学校で行われるもの、子どもは毎日学校へ通い1日の大半をそこで過ごすもの、という認識が当然のこととされ常識とされてきたため、私たちはこれまで「なぜ子どもは学校へ行かねばならないのか」、「なぜ教育は学校でするのか、学校以外でしてもいいのではないか、学校では出来ない教育もあるのではないか」などの素朴な疑問を抱

くことはなかった。親たちは子どもに「どうして学校に行かなくてはいけないの？」と素朴な（しかし本質的な）疑問を投げかけられると，「子どもはそういうものだから」とか「それが子どもの義務だから」とか「大人になったらわかる」など便宜的な対応でその場を凌いできたというのが実情であろう。

　それが，高度経済成長期が終わり，わが国が世界でも1，2の先進国となり，いわゆる「豊かな社会」「成熟社会」になったといわれる1980年代以降，校内暴力，不登校，いじめ自殺問題など学校問題が頻発して，学校の機能不全やその存在理由を問う声がでてきた。こうした動きを受けて，教育諸学界でも今日の学校が成立した原点に立ち返って，そのあり方を根本的に問い直す動きが起こってきた。近代社会の成立，発展とともに歩んできた近代公教育という制度，そして近代学校という組織・機関をそれ以前の時代や社会，そして近代以降の時代を見渡して長期的な視点に立って，今日の学校のあり方を問い直す動きである。フーコー（Foucault, M. 著書『監獄の誕生』における監視空間としての学校），イリッチ（Illich, I.）他の「脱学校論」，あるいはアリエス（Ariès, Ph.『〈子供〉の誕生』における「子供」とは近代が作った社会制度である）などの先行研究がわが国にも紹介されて，子どもと学校に関するこれまでの常識を問い直す動きがでてきたのである（寺崎弘昭「教育と学校の歴史」藤田英典・田中孝彦・寺崎弘昭『教育学入門』岩波書店，1997年など）。

　今日，地球上のほとんどの国で，子どもたちは毎日学校へ行って，1日の3分の1ほどの時間をそこで過ごしている。わが国では，小学校および中学校の学習指導要領において，年間35週以上の登校日を確保することが定められている。年間52週のうち夏休み，冬休みおよび春休みを除く40週ほどの月曜日から金曜日まで5日間，睡眠時間を除く1日の半分ほどを学校で過ごすのである。子どもたちにとって学校は，家庭とほとんど同等の比重を占める生活の場となっている。今ではあまりにも日常的な風景となっていて，どうしてそうなっているのかを敢えて問うこともない当たり前のこととなっているのであるが，決してそれほど当たり前のことでもないことが上記のよ

第 6 章　学校生活の社会学

うな研究を紹介する中で述べられ，改めて考えてみればそれほど当たり前でも常識でもないことに，最近私たちは気づくようになったのである．

教育のための空間として教室は発明された
　公教育制度としての学校（「近代学校」ともいう）は，近代が発明した制度で，欧米で 18 世紀末から 19 世紀にかけて，わが国では 1872（明治 5）年の「学制」実施とともに始まる，たかだか 200 年から 150 年の歴史しかない．欧米でも日本でも，一部の支配階層の子どもたちが通う学校は中世以前にもあったが，当該社会すべての構成員の子どもを対象に，日常生活に必要な知識技術を教えるために，社会が公費によって設置し運営する学校は近代とともに始まったものである．
　そして今日，この国の隅々まであらゆる地域で見られる小学校なり中学校という施設，そこの建物には教室と呼ばれる空間が用意され，学級（クラス）という児童・生徒集団の単位で学校生活が営まれている．一人の教員が，複数の同じ年齢集団の子どもたちに向かって，同時に同じことを教授する（一斉教授）という学習のスタイル，あるいは学級単位で教室を割り当てて，授業以外の時間を含めてこの教室という空間を共通の居場所にして過ごす．このような学校生活の形は，その源流を辿れば，イギリスで 18 世紀末に始まる「モニトリアル・スクール」（106 頁キーワード参照）にあるという．このイギリスで始まったシステムがアメリカに伝えられ，明治初期に設置されたわが国最初の教員養成機関「師範学校」（東京湯島の聖堂内に設置され，後の東京高等師範学校，東京教育大学の前身）に招かれたお雇いアメリカ人講師 M. M. スコットがそこで学んだ日本人に伝え，この学校の卒業生たちがその著作で，あるいは赴任先の各府県立師範学校でその教授・指導法を教えて，この国の学校生活の過ごし方が一般化して今日のようなものになったという（寺崎弘昭，前掲．本書には，明治初期の教室風景という挿絵が図示されているが，これはスコットが勤務していた時期にこの師範学校に学び，卒業後は東京府立師範学校他で教員養成に当たった林多一郎著『小学教師必携補遺』1874 年からの引用である）．

2 学級制度と学級集団

日本における学級制度の成立

　わが国に学級制度が導入されたのは先に述べたように明治初期のことであるが，当初はこの学級は今日のそれとは違って学力別のクラス，すなわち「等級制」であった。明治5年の「学制」を受けて同年文部省から発表された「小学教則」によれば下等小学が8等級にはじまり1等級まで，上等小学も同じ8等級にはじまり1等級まで，各級「六ヶ月の習業」と定めていた。現在の学校でいえば「学年」に当たるものであるが，実質は年齢ではなく学力水準であった。この学力別の等級制度が現在のように，年齢ごとに「学年」を定め，各学年の児童数によってクラス（組）に分ける「学年別学級制度」を採るようになるのは1900（明治33）年，100年余り前のことである。そして前世紀末ごろから「学級崩壊」とか「小1プロブレム」ということばが聞かれるようになってきた（第3章58頁キーワードを参照）。学級制度，および学級集団を基本単位として営まれてきたこの国の学校のあり方そのものが問われていると言っても過言ではない。

　そもそもこの学級制度の始まりは，イギリスで18世紀末から19世紀前半にかけて普及したモニトリアル・システムにあるという。この学級制度の起源，そしてその日本への導入と「日本型学級」の制度化について綿密な考察を加えた柳治男著『〈学級〉の歴史学：自明視された空間を疑う』（講談社，

> **🔑 モニトリアル・システム**
> 　日本語で「助教制度」という。教師が生徒に1対1で向かい合う従来の教授法に代えて，「モニター」と呼ばれる比較的優秀な，または年長の生徒を数人選び，彼らを学力別に分類した「クラス」に配置して学習指導に当たらせる仕組みである。このシステムを採用している学校を「モニトリアル・スクール」という。また，A.ベルおよびJ.ランカスターが開発したので，「ベル＝ランカスター・システム」と呼ぶこともある。

2005年）によれば，モニトリアル・システムは19世紀後半初等義務教育が公教育として整備される中で，教育内容のスタンダードに基づいて6つの段階に区分され，それまでの学力別（能力別）による「等級」に代えて，6段階の学年に生徒を区分する「学年学級制」に編成されるようになったという。明治の初めに導入されたわが国の「学級」制度は，先に述べたように学力水準による「等級」であった。「学級制度」が始まるのは1891（明治24）年制定の「学級編成等ニ関スル規則」からで，1900（明治33）年制定「小学校令施行規則」に，小学校各学年の課程修了あるいは全教科の卒業の認定は「試験ヲ用フルコトナク児童平素ノ成績」によるべきことが定められて，年齢段階による「学年別学級制」が確立した。

　以後，学級は学校生活の基本単位として位置づけられ今日にいたっている。学校は主には，各学級毎に割り振られた教室という空間，そして各学級を受け持つ学級担任という教員から構成され，それらを統合し相互の連絡調整などの設備として職員室なり，校長・副校長など公務上の職位が置かれている。各小学校・中学校における児童・生徒たちの学校生活は，この学級集団の一員として，それぞれの教室空間を居場所にして過ごされる。

学級の人間関係

　子どもは，生まれて最初の数年間は家族の中で育てられる。首が据わらない，足で立てない，歩けない時期はほとんどの時間家族の中で過ごす。その後，主に母親の就労などの事情から保育所に預けられたり，幼稚園で過ごしたりするようになる。そして義務教育年齢である6歳を過ぎた年の4月からは，この国のすべての子どもが小学校で過ごすのである。生まれたての赤ん坊は，当該社会に存在する文化（ことば，あいさつや食事のマナーなどその社会のメンバーが共有する行動様式）を全く知らない。家族や学校で育てられる過程でその社会に存在する文化を内在化していく営みを「社会化」というが，社会学では，家族で育てられる段階の社会化を「一次的社会化」，学校に通うようになって以降の社会化を「二次的社会化」と呼んでいる。

一次的社会化の主たる担当者（社会化のエージェント）が家族集団であるのに対し，二次的社会化の主たる担当者が学校・学級集団である。社会化のあり様はその社会化が作用する社会の構成，構造，そしてそこに存在する文化によって違ってくる。一次的社会化と二次的社会化とを区別するのは，それぞれの集団の構成メンバーやそれぞれの集団内で共有される行動様式の違いによって内在化される文化の違いによる。家族の人間関係の基本は親子関係であり，それに性別役割が加わって，父と母および息子と娘という4つの地位‐役割の体系からなる。そこで子どもは大人との関係，そして性別役割の違いの基本を学ぶ。これに対して，学級集団の地位‐役割体系は教師と生徒であり，しかも教師は学級担任教師が一人で，児童・生徒は2桁（30人ほど）の集団から構成される。家族における兄弟関係と違うのは，学級では年齢の差がないこと，性別による違いは（とくに小学校では）極力抑制されることである。学級における人間関係はしたがって，一人の教師と複数の児童・生徒集団，そして同一年齢の友達関係ということになる。

　アメリカの社会学者パーソンズ（Parsons, T.）は，その論文「社会システムとしての学級―アメリカ社会における若干の機能」（武田良三監訳『社会構造とパーソナリティ』新泉社，1973年に集録）において，当時のアメリカの小学校における学級が，家族での社会化を引き継ぎながらも，子どもたちをその将来の社会的地位へ配分する選別機能をも果たしていることを指摘した。アメリカの小学校の低学年における基本的パターンとして，学級毎に一人の担任教師（それも大体は女性）がすべての科目を教え，学級の運営全般をゆだねられる。担任教師は1年後には，別の教師に代わる，という仕組みである。そして学級は，比較的小さな地理的領域から集まってきた25人程度の年齢を同じくする男女の子どもたちから構成され，①ほぼ同じ家族的背景という点で均質化されている，②学級集団には共通の課業が与えられる，③複数の児童集団に対してひとりの教師がいて，④系統的な評価がなされる，という構造的特質をもっており，このことが学級が選別機能を果たす基になっているという。児童は，学級で共通の課業を遂行し，その出来具合を試験されて，自

らの遂行能力のレベルを知らされ，はたして自分が将来大学を目指すべきか，それとも高等学校卒業で仕事に就くべきかなど，おおまかながらではあるが自分で自分の将来の社会的地位を予測するのである。

わが国における学級集団の特質

　では，わが国において，学級集団はどんな特質をもち，どんな機能を果たしてきたのだろうか。先に参照した柳治男著『〈学級〉の歴史学』は，わが国の近代学校・学級制度がこの国の歴史的必要性から直接生み出されたものではなく，半ば国策として強制的に欧米の制度を導入したものであること，そのために教授学習に機能合理的であることよりも，生活共同体としての役割を求められることになったと指摘している。「学級王国」ということばで象徴されるように，学級を共同生活の場として捉え，教科学習に止まらず生活のあらゆる領域で学級構成員としての一体性を強調する「学級共同体言説」である。学級は「共同体であるべきだ」という規範にされて，それを目指した学級づくりが奨励されることにもなった。このことは裏から見れば，一方では学級構成員一人ひとりの自由度を抑制し，また他方では当該学級を外の世界から閉ざし，外部社会との交流を遮断することになる。結果的に学級への適応と外の生活への適応との間に亀裂を生じさせることにもなる。学級制度が確立しておよそ1世紀を経た頃から言われ始めた「学級崩壊」，あるいはその前から学級との関連が指摘されている「いじめ問題」は，いずれもこの国の学級集団の特質と関連しており，その観点から対策を講じることが必要である。

3　学校文化・生徒文化

生徒文化の視点

　1970年代の終わり頃から高等学校，とくに職業科において中途退学者の急増が社会問題化した。80年代の前半からは，とくに中学校で校内暴力，

それも対教師暴力の嵐が全国各地で吹き荒れた。90年代になると，不登校問題やいじめ自殺問題などが騒がれ，そして90年代の末，先にも触れた主に小学校を舞台とする学級崩壊がいわれるようになる。かつては学校問題といえば学生運動，大学紛争など大学の専売特許だった。それが高等学校に降り，そして中学校から小学校へと降りてきた。高等学校の職業科に始まった中退（不登校）が普通科へ，そして義務教育段階へ，一部の「ツッパリ」生徒が中心であった校内暴力から，普通の生徒にもひろがる不登校，またむしろ優等生が影で主導するいじめ，そして小学校に入学したばかりの小学校入学児童のクラスで起こっている学級崩壊とみてくれば，これら一連の学校問題が，従来のように一部の問題を抱える生徒，あるいは教師としての資質能力に問題を抱える「問題教師」に起因するというよりも，明治初期に始動したこの国の学校制度そのものが今日の社会に合わないものになっていること（「制度疲労」）に起因すると捉えるのが適切であろう。

　これは言い換えれば，公的な学校教育の教育力が低下し，その分それに代わって教育を受ける側すなわち児童・生徒集団の教育力が増したということである。学校教育という公的な制度よりも学校での日常的生活が，授業で学ぶことよりも学校生活でクラスメートと交わること，教師が生徒に伝えるメッセージよりも生徒同士で交わされるコミュニケーション，クラス担任のもとでの団体行動よりもクラス内のインフォーマルグループ単位での行動などが支配的になっていることを示している。

　このような意味で学校教育の内容を授業，教科書，そして学習指導要領など，いわゆる公的な制度的な側面に限らず，学校生活の諸相において検証することが重要である。教師文化や生徒文化など学校文化については，いまや学校社会学の古典ともいうべきウィラード・ウォーラー（Waller, W.）の『教育行為の社会学』（*The Sociology of Teaching*, 1932年）以来教育社会学者たちが関心を抱いて研究してきたところである。なかでも教師文化と生徒文化の対立（教師－生徒関係）や，学校文化の中でもとくに反学校・脱学校的な生徒文化について，アメリカ，イギリスでの先行研究などに学びながら，わが国

でもとくに高校生についてかなりの研究が蓄積されている。

生徒文化の現状

　わが国の高等学校が入学試験の偏差値によって格付けされ，その違いによって生徒文化にも違いがあること，また同じ高等学校でもコースやクラス，あるいはクラスの中での成績によってもそれぞれ違った生徒文化が見られることなどが，高校生を対象とする実証的研究で指摘されてきた（たとえば，「勉強型」「遊び型」「逸脱型」「孤立型」の4類型など。武内清「生徒文化の社会学」木原孝博他編著『学校文化の社会学』福村出版，1993年）。わが国の教育社会学者たちがこれまで試みてきた実態調査は大体が，ある限られた地域の中からいくつかの学校を選んで，そこに在籍する生徒を対象にした質問紙調査で得られたデータをもとにしたものである。これに対してNHK世論調査部が1982年に始めて，1987年，1992年，そして2002年まで4回にわたって継続してきた「NHK　中学生・高校生の生活と意識調査」は，20世紀末から21世紀初頭にかけての20年間におけるわが国の中学生および高校生の生活実態と日常的な意識を適格に捉えて説得的である。そこから，今日一般的な中学生と高校生たちの生徒文化をのぞき見ることができるように思う。たとえば，いまもっとも関心があることは「友達付き合い」で，「学校生活は楽しい」し，自分は「今，幸せ」だと思っているが，今の日本社会が「よい社会である」とも思わないし，「日本の将来が明るい」とも思わないという（NHK放送文化研究所『NHK　中学生・高校生の生活と意識調査：楽しい今と不確かな未来』日本放送出版協会，2003年6月）。学校卒業後に参入していくことになる大人社会をクールにみて，その現状に魅力を感じることもなく，その将来に期待ももてない，だからこそ今の自分は幸せでなくてはならない，その一時の幸せを学校での生活，友達とのつきあいに求めている中学生・高校生たちの生徒文化を見ることができるのではないか。

生徒の下位文化（sub-culture）

　もともと学校は，当該社会に伝統的に存在する支配的な文化（main-culture）を，次の世代に伝達する役割を果たすべく社会が設置し運営する組織である。しかし他方では，学校で学ぶ知識，学校生活での経験は，今現在の社会ではなく生徒たちが卒業後に参入する未来の社会に生きるべきものでなければならない。つまり学校での生活や学習の目的には，過去からの伝統を未来への設計に接続する課題が存在する。生徒の下位文化として「向学校的（pro-school）」「反学校的（anti-school）」「脱学校的（a-school）」などの類型に分ける研究もある（編集・解説　岩木秀夫・耳塚寛明『現代のエスプリ 195　高校生―学校格差の中で』至文堂，1993年，10-11頁）が，建前や制度に止まらず，現実に学校が果たしている機能を把握するためには，この生徒の下位文化，さらには対抗文化に注目する必要がある。

　これまでの生徒文化研究では主に高等学校段階で普通科高校と職業科高校，入学試験の偏差値，あるいは大学進学での実績や評判など学校種別単位で類型（あるいはグループ）に分けることが多かった。しかし学校の多様化が進んだ今日の研究では学校種別だけでなく，同じ学校内，同じ学級内でのさまざまな生徒の下位文化が指摘されるようになっている。たとえば女子校での調査を基に，「勉強グループ」「オタッキーグループ」「ヤンキーグループ」「ふつうのグループ」（宮崎あゆみ「ジェンダー・サブカルチャーのダイナミクス」『教育社会学研究』第52集，1993年）や，「コギャル」「オタク」「トップ」（上間陽子「現代女子高校生のアイデンティティ形成」『教育学研究』第69巻第3号，2002年）などの研究がある。学力や偏差値ではない，たとえばおしゃれやサブカルチャーに関して同じ趣味嗜好をもつ者が集まってひとつのグループを形成し，他のグループと競い合う様相が見られるという。

対抗文化（counter-culture）から離脱の生徒文化へ

　かつて1960年代，70年代の大学紛争や高校紛争をめぐって，時の支配的文化（main-culture）に対して反抗する対抗文化（counter-culture）が論じられ

た。また80年代初頭に騒がれた主に中学校での校内暴力をめぐって,「ツッパリ」グループの反乱が論じられたことがある。こうした学生文化・生徒文化が学校や社会への批判や不満を基にしているのにたいし,高校間格差にともなう「脱学校的生徒文化」や1990年代以降の「オタク」「コギャル」文化は,社会や学校への反発・反抗というよりも,現体制への無関心,現体制からの離脱といえるだろう。反抗が同じ土俵の上で闘う姿勢ならば,離脱はこれまで共有していた土俵から降りることである。若い世代が年長の世代に対して戦いを挑むという「世代闘争」はいつの時代にも見られた現象である。それは社会がその土台は変えずに自らの老化を防ぐ自然の手立てであったといえる。しかし,先に見た離脱の生徒文化は反抗よりもより根源的（radical）なものであるといえよう。

　ファッション,芸能界の情報,あるいはケータイやインターネット,あるいはゲーム,マンガなどをメディアとするサブカルチャーなど,正統的な学校文化とは違う世界に通じていることで,クラスメートや仲間集団とつながりをもち,お互いの承認と評価を得て,グループができ,仲間関係を築く。1980年代以降,とくに中学生で問題化してきた不登校,あるいは90年代末からとくに小学校で問題とされるようになってきた学級崩壊は,おそらくこうした従来の学校的な文化,学校での中心的な文化が力を失い,現在の学校とは別の世界から,これまでの学校文化になじまないグループに担われて侵入,浸食してきた新しい学校文化・生徒文化であるといえよう。学校が当該社会に伝統的な文化を次世代に伝えるという課題と,これからむかえる新しい社会を担う子どもたちに,この未知の世界に備える新しい文化を創造するという課題,この2つの両立しがたい課題を学校は抱えているが,いまはその後者の課題をいかに遂行するかがより重要なものとなっているといえるだろう。

4 隠れたカリキュラム

顕在的カリキュラムと潜在的カリキュラム

　カリキュラムとは，第5章で学んだとおり，一定の教育目標を達成するために，最も効果的な教育方法のもとで，学習活動の内容を編成したものをいう。したがって，ただ「カリキュラム」というときには，文部科学省が作成し告示する「学習指導要領」で明示される教科目に代表される教育内容を指す。本書でも何度か触れたので繰り返しになるが，近代学校はそもそもこの公的に，意図的に作られ，明示されたカリキュラムに沿って，児童・生徒に教育を施す機関として設置されたものである。そして現に，就学年齢に達した子どもたちは，定められた時間に登校し，定められた教室に集合し，定められた時間所定の教科目の授業を受けて，定められた時間に下校するという毎日を過ごしている。子どもたちは学校においては，児童・生徒になり教師の指導に服し，教授されることを学ぶ。これが学校の公的な営みであり，学校が果たすべく期待されている役割である。この社会的役割を遂行する営みに必要な費用を社会が賄い，学校という社会制度は維持されているのである。

　しかるに今日のカリキュラム研究では，こうした表向きの，建前だけの公的で明示的な教育課程（これを「顕在的カリキュラム」という）だけを見ていては，子どもたちの学校での学習を十分把握できないということが通説になっている。子どもたちは，教師の意図的な教授や指導から学ぶことの他に，学校生活をするなかで知らず知らずのうちにいろいろなことを学んでいるというのである。これを「顕在的カリキュラム」と区別して「潜在的カリキュラム」とか「隠れたカリキュラム」と呼んでいる。

　子どもたちが学校で，教えられないのに知らず知らず学んでいることとは，たとえば以下のような事柄である。まずは教室の空間構造から，子どもたちはその空間に居てそこで時間を過ごすことがいかなることかを学んでいるという。つまり前方に黒板があり，教壇と教師用の机が1つ，それに相対して子どもたちの机と椅子が向かい合っている。否応なく子どもたちは教師

のいうことを一緒に聞くという立場に置かれる。つまり教室においては、私たち子どもたちは、揃ってひとりの教師の指導に従うものであるということを学ぶ。次には学校生活の時間構成である。授業時間の始めと終わりに鳴るチャイムにしたがって、子どもたちの学校での生活と行動は定められる。勉強・授業の時間、休憩・遊びの時間、食事の時間、掃除の時間などなど、こうした時間の区切りにしたがって営む行動内容を継続したり切り替えたりすることを、子どもたちは学校生活を通して知るのである。あるいはまた、公式には男女平等といいながら、たとえば名簿が男女別であったり、運動会や修学旅行などの学校行事の際には男女別々のグループに編成されることから、子どもたちは公式、建前とは違う男女の扱いがあることを知る（苅谷剛彦『学校って何だろう』ちくま文庫、2005年）。

「隠れたカリキュラム」研究の成果と課題

　では、いまなぜ「隠れたカリキュラム」に注目が集まるのか、「隠れたカリキュラム」の研究がなぜ必要なのだろうか。「隠れたカリキュラム」（hidden curriculum）という用語はジャクソン（Jackson, P. W.）がその著書 *Life in Classroom*（1968）で使ったのが最初だといわれている。彼は、児童が授業中我慢して教師の話を聞くというように、顕在的カリキュラムが有効に伝えられる準備的、基礎的な学習内容としてこのことばを使った。その後、イギリスで展開した「新しい教育社会学」（マイケル・ヤングやバジル・バーンスティンなど）によるカリキュラムの知識社会学的研究、または社会統制としてのカリキュラム研究の動きや、アメリカではアップル（Apple, M. W.）のイデオロギーとしてのカリキュラム研究などを経て、この用語は適用範囲を拡大し、概念も深化されてきた。

　これまでの隠れたカリキュラムに関する議論を踏まえて、現時点でのその成果と課題を整理すれば以下のような点を指摘できる。第一には、カリキュラム研究を教科内容など公式の明示的な教育課程（顕在的カリキュラム）に限定しないで、学校生活を通じて児童・生徒たちが学んでいる事柄（潜在的

カリキュラム）を含めた概念としてカリキュラムを捉え直すことが求められていることである。第二には，隠れたカリキュラムは顕在的カリキュラムの教授を有効にするための単なる手段，準備学習にとどまるものではなく，学校が集団生活を行う社会であること，また学校を設置し管理する外部社会の文化や常識が学校カリキュラムの中に侵入している側面があることである。そして第三には，これまでの近代学校の成立事情，展開過程，そしてこれからの学校のあり方を構想するとき，学校や教室で営まれている生活，教授－学習などの活動の底流に見られる変化との関連である。近年，学校教育のあり方は教師が「教える」ことから生徒が「学ぶ」へ，教師が「話し」生徒が「聞く」から，「見せる」（教師が教材を提示する）から「見る」（教師が示す教材だけでなく，教師自身の姿や身振りを）へ，教師が生徒を「指導する」から，教師は生徒を「支援する」，あるいは教師と生徒との関係が重要視される方向へ動いている。教師が伝えるメッセージは，今日の情報化社会では額面通りに受け取られず，児童・生徒たちは，むしろそのメッセージの底流にあるメタメッセージを読み取るのである。

　このようにこれからの学校のあり方を構想する時，学校教育の教育内容とは，ただ教える側の教師の教育行為だけでなく，学ぶ側である児童・生徒の学校生活，とくにその集団生活のあり方，そこで何を学ぶかという視点が重要になってくる。この意味で，隠れたカリキュラムについての研究が今日ほど必要な時代はほかにないともいえる。

✎ 考えてみよう
- 学校での生活と人間関係を家庭や職場と比べて，その特質について考えてみよう。
- 学級における友達関係の現状と問題点について，あなたの親の世代やあなた自身の経験などもデータにして考察してみよう。

第6章　学校生活の社会学

不登校（登校拒否）

　「不登校」ということばは、「登校拒否」という表現に代えて使われるようになったことばである。文部（科学）省では「何らかの心理的、情緒的、身体的、あるいは社会的要因・背景により、児童生徒が登校しないあるいはしたくともできない状況にあること（ただし、病気や経済的な理由によるものを除く）」（文部省『登校拒否問題への取り組みについて』生徒指導資料第22集、1997年3月）と捉えている。同省は、1966年度以来毎年度『学校基本調査』において、長期欠席者（当初の年度から1990年度までは年間50日以上の欠席）の数を調べて報告している。その理由を「病気」「経済的理由」「学校ぎらい」「その他」の4つに分類し、その中の「学校ぎらい」による理由で長期欠席している者を「登校拒否」児童生徒と呼んできた。

　この長期欠席者および登校拒否児童生徒の数は高度経済成長期までは減少してきていたが、1970年代の半ば以降、とくに中学校において「学校ぎらい」による長期欠席者が年々増えてきた。80年代後半には、長期欠席者に占める登校拒否児童生徒が大半を占めるようになった。文部（科学）省では、すでに社会問題となっていた高校中退問題と並んでこれを学校不適応問題と捉えることとし、1989年7月省内に「学校不適応対策調査研究協力者会議」を設置して、この問題への対応策を検討することにした。1990年12月にその「中間まとめ」を発表し、その中で「登校拒否は誰にでも起こりうる」との認識を公表して、この問題の重大性を世に問うたのであった。同会議は1992年3月「登校拒否（不登校）問題について─児童生徒の「心の居場所」づくりを目指して─」と題する最終報告を発表した。

　同報告の基本認識である「登校拒否（不登校）は誰にでも起こりうる」という見解からすれば、「学校に行かなければならないと分かっていても行けない」をも「登校拒否」ということばに含めるのは適切でないし、他方「不登校」という表現では単に登校しない状態を示し病気や経済的理由で登校できない場合も含まれるので適切ではない。このような理由から最終答申の表題には「登校拒否（不登校）」と両方を掲げたという。その後「学校基本調査」でも1998年度から、「学校ぎらい」は「不登校」に代えられ、その説明は「病気や経済的理由以外の何かしらの理由で、登校しない（できない）ことにより長期欠席した者」としている。

　不登校児童生徒数の推移や実態を見るときに重要なこととして、ひとつに、長期欠席者の定義の変更がある。上に述べたように、長期欠席者数の調査は1966

年度から始められているが，1990年度までは長期欠席を「年間50日間以上」としていたのが，1991年度からは「30日間以上」と変更したことである。この背景には，先の報告で指摘するように「誰にでも起こりうる」，すなわち50日未満の欠席者の中にもいつ「不登校」になるかもしれない者がかなり含まれているという認識がある。つまり単なる数の多い少ないではなく「不登校シンドローム」とも呼べる傾向の問題であるということである。このような状況は，本章で取り上げた制度疲労してきた学級，生徒文化の影響力，そして隠れたカリキュラムの問題とその底流でつながる現象である。

もうひとつ，長期欠席者数と不登校児童生徒数の推移を見て気になることがある。それは，高度成長期が終わった頃から，とくに中学生で長期欠席者の中でも「学校ぎらい」を理由とする生徒が増えてきたことにふれたが，1990年代以降この20年間ほどは，この傾向が小学校児童にも見られるようになってきたことである。長期欠席者数に占める「不登校」児童生徒の割合を大雑把に算出すると，中学校では1970年代30%代だったのが90年代に70%代に急増したがその後は75〜78%で今日にいたっている。他方小学校では，80年代までは20%台未満に止まっていたのが，その後前世紀末から今世紀をまたぐ20年間年々増加して，最近では40%代にまで増えているのである（図参照）。

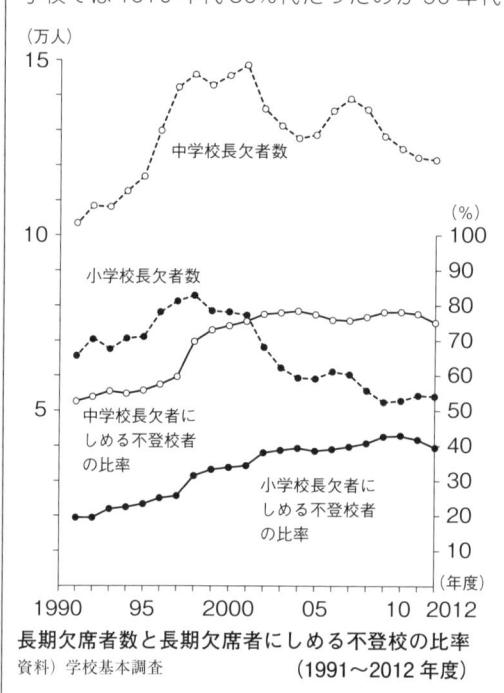

高度成長期が終った頃から「学校嫌い」による長期欠席者が増えてきたこと，前世紀末からこの「学校嫌い」は「不登校」に表現を変えたことを確認してきたが，いまこの傾向が小学校に強くなっていることを考えると「不登校」そのものの内容，その実情を捉えることが課題ではないか。　【陣内靖彦】

長期欠席者数と長期欠席者にしめる不登校の比率（1991〜2012年度）
資料）学校基本調査

第7章

消費社会・情報社会と子ども文化

●本章のねらい●

消費社会・情報社会は、子どもたちにどのような影響を及ぼし、どのような子どもをつくりあげていくことになるのか。そして、大人の役割とは。さまざまな角度から探っていく。

1 消費社会・情報社会と子どもの関係

　消費社会・情報社会の様相を呈している現代社会。子どもたちは、そうした社会とどのようなかかわりをもっているのであろうか。その一端をみていくことにしよう。

消費社会と子ども

　一般に、モノやサービスを購入する行為を「消費」という。消費するのに必要なお金を、子どもたちはどれくらい持っているのであろうか。小学校高学年では、約8割の子どもがお小遣いをもらっていて、その額は月平均1,087円となっている。中学生と高校生は約9割の者がお小遣いをもらっていて、その額は中学生で月平均2,502円、高校生で月平均5,305円となっている（金融広報中央委員会「第2回　子どものくらしとお金に関する調査　2010年度調査」）。両親と双方の祖父母を合わせた6個の財布のことを指し示す「シックスポケッツ」から受け取るお年玉等、お小遣い以外にも、子どもたちには潤沢な収入があるといわれている。

　それでは、子どもたちは、お小遣いで何を買っているのであろうか。表7-1

表7-1　お小遣いの使い方　　　　　　　　　　　　　　（複数回答）

	小学生高学年	中学生	高校生
1位	ゲームソフトやおもちゃ類（49%）	おやつなどの飲食物（79%）	おやつなどの飲食物（88%）
2位	お菓子やジュース（48%）	友だちとの外食・軽食代（75%）	友だちとの外食・軽食代（87%）
3位	まんが（48%）	友だちへのプレゼント（69%）	休日に遊びに行く交通費（76%）
4位	本や雑誌（39%）	文房具（69%）	小説や雑誌（74%）
5位	ゲームをする（37%）	小説や雑誌（69%）	昼食（73%）

注）パーセントは当該項目の回答者全体に占める割合（小数点以下四捨五入）
出所）金融広報中央委員会『第2回　子どものくらしとお金に関する調査2010年度調査』

は，お小遣いの使い道ベスト5を示したものである。それによると，小学生高学年では，「ゲームソフトやおもちゃ類」，「お菓子やジュース」，「まんが」といったモノが上位にあげられている。中学生，高校生になると，「おやつなどの飲食物」，「友だちとの外食・軽食代」といったモノが上位に位置づいている。子どもたちは，玩具，食品，書籍等々の多種多様なモノを，学校段階に応じて消費していることがわかる。

子どもといえども，消費社会と縁深い生活をしているといえよう。

情報社会と子ども

私たちはさまざまなメディアを活用しながら便利な生活を送っている。そうしたメディアを，子どもたちはどれくらい利用しているのであろうか。図7-1は，放課後における1日平均のメディア利用時間を示したものである。それによると，テレビやDVDを見る時間は，どの学年においても一番長くなっていて，1時間半以上となっている。テレビゲームや携帯ゲーム機で遊ぶ時間は，各学年とも30分前後で一貫している。パソコンの利用時間は，学年が上がるにつれて長くなるが，中学2年生以降は30分程度で横ばいとなっている。携帯電話を利用する時間は，学年が上がるにつれて長くなり，

第7章 消費社会・情報社会と子ども文化

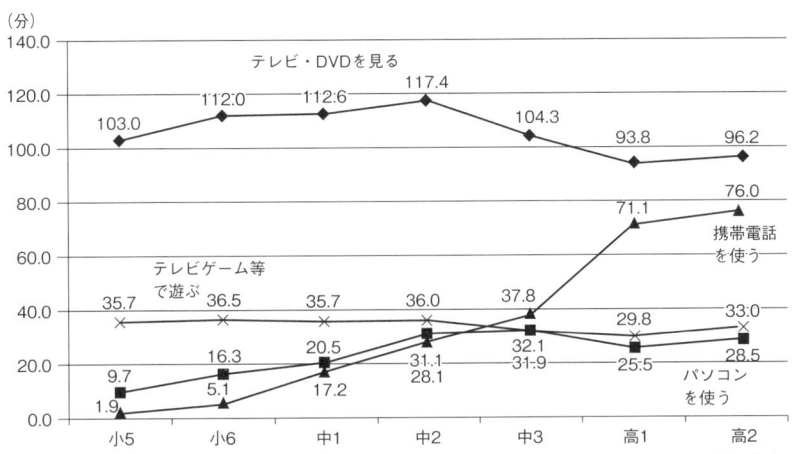

(分)

テレビ・DVDを見る: 小5 103.0, 小6 112.0, 中1 112.6, 中2 117.4, 中3 104.3, 高1 93.8, 高2 96.2

携帯電話を使う: 小5 9.7, 小6 16.3, 中1 20.5, 中2 31.1, 中3 37.8, 高1 71.1, 高2 76.0

テレビゲーム等で遊ぶ: 小5 35.7, 小6 36.5, 中1 35.7, 中2 36.0, 中3 32.1, 高1 29.8, 高2 33.0

パソコンを使う: 小5 1.9, 小6 5.1, 中1 17.2, 中2 28.1, 中3 31.9, 高1 25.5, 高2 28.5

注) 平均時間は,「しない」を0分,「4時間」を240分,「4時間より多い」を300分に置き換えて算出

図7-1　子どものメディア利用時間

出所) ベネッセ教育研究開発センター『放課後の生活時間調査』2009年

高校生になると1時間を超えている。子どもたちは，放課後になると，テレビやテレビゲームを通して情報を消費したり，パソコンからインターネットに接続し情報を収集したり，ケータイで友だちと情報を交換したりしながら，時間を過ごしていることがわかる。

　子どもたちは，情報社会とも縁深い生活をしているといえよう。

消費社会・情報社会から影響を受ける子ども／消費社会・情報社会に影響を与える子ども

　子どもが社会の成員として成長していく過程を，社会学では「社会化」(socialization) という。社会化の過程で習得される内容は，その社会で使われている言葉を覚える，状況に応じた行動の仕方を身につける，その社会の善悪の基準を内面化する，社会生活を営むのに必要な知識や技術をマスターするといったことである (門脇厚司『子どもの社会力』岩波新書, 1999年, 2頁)。

　日常的に，消費をしたり，メディアを利用したりすることによって，子ど

もたちは，良かれ悪しかれ，消費社会・情報社会へと社会化されることになる。果たして，子どもたちは，どのように社会化されていくのであろうか。

ただし，社会化されるだけではなく，子どもは子どもなりに消費社会・情報社会に積極的にかかわっていき，逆に消費社会・情報社会にインパクトを与えながら，子ども独自の文化を作り上げていくという側面もある。果たして，子どもたちが紡ぎ出す文化はいかなるものであろうか。

消費社会・情報社会から影響を受ける子ども。消費社会・情報社会に影響を与える子ども。本章では，消費社会・情報社会に生きる子どもの諸相を探っていくことにする。

2 消費社会に生きる子どもの諸相

ここでは，消費社会から影響を受けることで，子どもたちがどのような意識や行動を身につけるのかを考察していく。

消費空間に囲い込まれる子ども

高橋によれば，1970年代半ば頃までの日本社会は，農耕型社会や工業型社会といった「生産中心」の社会であったという。そこでは，子どもは，家事や仕事の重要な担い手であり，大人と一緒に仕事をする働き手として位置づいていた。また，地域社会には，まだ地縁，血縁的な共同体の空気が色濃く残されており，子どもは，身近な地域の大人たちと世間話をしたり，振る舞いを見たりすることで，働くことの尊さや大人になる筋道を自然と学んでいた。さらに，子どもは，貧困を含めた大人の生活上のさまざまな問題にも巻き込まれ，否応なく大人の問題を共有させられ，大人と一緒に闘って来ざるを得なかった。そうした意味で，子どもは，親や地域の大人たちと共に暮らす「生活者」の一人であった。

高度経済成長を達成し，「豊かな社会」が出現する1970年代後半から，都市化，情報化，消費生活化という大きな波が社会全体を呑み込んでいき，日

本社会は大きな変化をとげる。それは，大人と子どもが共に働いた「生産中心」の社会（農耕型社会，工業型社会）から，情報，流通，販売，サービスという新しい「消費中心」の社会（情報・消費型社会）への転換であった。

この転換により，子どもは仕事から解放され，家庭でも地域でも子どもの手が全く当てにされなくなった。また，地域社会が崩壊していく中で，地域の大人と世間話をしたり，振る舞いを見たりする機会を失った。さらに，大人と一緒に闘ってきた子どもは，大人の生活圏から隔離されていった。つまり，子どもは「生活者」ではなくなったのである。

このようにして，子どもは，家と学校を行き来しながら，モノや情報やサービスを消費するだけの存在になりさがり，消費空間に囲い込まれていったのである。もちろん，「消費中心」の社会でも，スーパーやコンビニで働く大人の店員と接する機会はある。しかし，そうした大人の店員は，マニュアル通りに働くビジネスマンにすぎず，学校での出来事を聞いてあげたり，浪費する子どもに注意したりすることはあり得ない。子どもは，消費空間で快適に暮らしていくことの代償として，働く意義を学ぶ機会，大人のモデル，多様な他者と関わる能力を失っていったのである（高橋勝『情報・消費社会と子ども』明治図書，2006年，3-16頁）。

一人前の「お客様」としての子ども

消費社会化が進み，社会の隅々にモノが行きわたるようになると，次第にモノが売れなくなる。そうなると，企業は，消費者になんとかモノを買ってもらおうと，あの手この手で，さらなる努力を重ねていく。その結果，店員の接客態度やサービスをも「商品」として捉え，そうした付加価値による競争が繰り広げられることになる。たとえば，「お客様」に不快な思いをさせてはならないという心遣いのもと，まるでVIPを接客するかのように，過剰に丁重なもてなしをするといったことである。

こうしたもてなしが繰り返されることによって，「お客様」は，「特別な何者か」であるような気分になり，売る側よりも偉そうに振る舞う権利がある

「神様」であるかのような意識を芽生えさせる。そして，店員に対して，わがままで，横柄で，傲慢な態度を示す「お客様」が増加していくのである。また，「お客様」としてのプライドを満たしてくれない店員がいると，突然キレて，激しく攻撃するということが起こってくるのである（森真一『日本はなぜ諍いの多い国になったのか』中公新書ラクレ，2005年，184-215頁）。

　過剰に丁重なもてなしは，「お客様」であれば，万人に対して行われる。商品を購入しに来たのであれば，それがたとえ子どもであっても，一人前の「お客様」として接客される。「子ども扱い」されることは決してない。こうして，子どもも，まるで「神様」であるかのような「お客様」意識を身につけることになる。また，傍若無人に振る舞い，店員にくってかかる子どもも出現してくるのである。

　そうしたことの果てに，さまざまな領域で「お客様」意識を発揮させていくということが起こってくる。内田によれば，子どもたちは，学校にも「お客様」意識を持ち込み，「教育サービス」の買い手になろうとするという。消費主体として自己を確立した子どもは，まず自分の前に差し出されたものを「商品」として捉える。次に，「商品」が支払う代価に対して適切かどうかを判断し，適切であると思えば購入する。学校の文脈でいえば，授業を「教育サービス」と捉え，価値があると思えば，それを買う（＝授業をきく）。しかし，価値がないと思えば，その時間は，隣の席の生徒とおしゃべりしたり，立ち歩いたり，居眠りしたりすることによって，買わないという意思表示をするのである（内田樹『下流志向』講談社，2007年，41-50頁）。

　学校には，「教育サービスの提供者」だけでは捉えきれない要素が多々含まれている。それにもかかわらず，「教育サービス」の買い手意識をもつ子どもが増加してくると，学校のあり方を大きく変えていく可能性がある。

子どもの個性表現の商品化

　消費社会における個性表現を考えるために，ボードリヤール（Baudrillard, J.）が示した3つの消費概念をみていこう（ジャン・ボードリヤール著，今村仁司他訳

『消費社会の神話と構造』紀伊國屋書店，1990年，121頁）。

　まず第一に，「消費はもはやモノの機能的な使用や所有ではない」ことである。時計は，時刻を正確に示すという機能がある。カバンは，モノを運ぶという機能がある。こうしたモノがもつ機能や性能が「使用価値」である。豊かな社会になり，モノが溢れるような状況になると，人々は「使用価値」を求めて，「モノの機能的な使用や所有」を行うわけではない。「使用価値」がほぼ同じモノの中から，メーカーやブランド，色やデザインなどを重視してモノを購入するのである。そこでは，自分の好きなモノ，自分に似合っているモノを買うことによって，「自分らしさ」（＝記号）を消費することになるのである。たとえば，時刻を正確に示す時計がたくさんある中から，最新の時計を買うことによって，「流行に敏感な自分」を示したり，モノを運ぶ機能を備えたカバンがたくさんある中から，あるブランドのカバンを買うことで，「センスのよい自分」を示したりする。このように，消費社会では，モノの「使用価値」を消費しているのではなく，「記号」を消費しているのである。

　第二に，「消費はもはや個人や集団の単なる権威づけの機能ではない」ことである。これまで，派手に消費することによって社会的ステイタスを高めたり，所属している階級を示すために消費が行われたりすることがあった（ヴェブレン「誇示的消費」等）。しかし，消費社会における記号消費は，こうした特定の階級に限定された消費ではなく，社会全体の消費のあり方を表しているものである。すなわち，他者と差異化し，自己を個性化するために消費するという，すべての人々に共通する消費傾向を示しているのである。

　第三に，「消費はコミュニケーションと交換のシステムとして，絶えず発せられ受け取られ再生される記号のコードとして，つまり言語活動として定義される」ことである。あるブランドの服は「オシャレ」という記号が付与され，別のブランドの服は「ダサイ」という記号が付与される。「オシャレ」な服を購入し，それを着ることによって，「オシャレ」な自分を示す。その服を見た人は，あの人は「オシャレ」な人であると理解する。モノに付与さ

れた記号を通して自己を提示し，モノに付与された記号を通して他者を理解する。そうした関係は，さまざまなモノに付与された記号を両者が熟知したうえで，お互いに記号を提示しあったり，記号を読み取ったりすることによって成立するものである。こうした記号のやりとりは，あたかも言葉と言葉によるコミュニケーションのようなものとして捉えることができる。消費社会において，自分らしさを表現し，他者を理解するためには，モノに付与された記号を絶えず学習しておく必要がある。

　こうして消費社会に生きる人々は，自分らしいものを選んで購入し，自分らしさを示す商品で身を固め，商品によって個性を示すのである。そうした意味では，消費社会における個性とは，時間を積み重ねることによって内面から自然とにじみ出るものではなく，モノで語らせるものになっているといえよう。たとえば，「優しい自分」とは，気遣いや言葉遣いや行動によって示すものではなく，「優しい」イメージの服やカバンを身につけることによって示すものなのである。

　こうした記号消費は，なにも大人に限ったことではない。幼いうちから消費経験を積んでいる子どもも立派に記号消費を行っている。子どもたちも，自分らしい服を着ることで，自分らしい小物を持つことで，個性表現するよう促されているのである（石井久雄「ファッションへの興味とその意味」『児童心理』金子書房，2009 年 3 月号，29-33 頁）。

3　情報社会に生きる子どもの諸相

　ここでは，情報社会から影響を受けることで，子どもたちがどのような意識や行動を身につけるのかを考察していく。その中でも，近年子どもたちの間に急速に普及しているケータイとネットを取り上げ，その影響を探っていく。

ケータイでつながる「友だち」

　まず，子どもたちが，身近な他者とケータイを使ってどのようなコミュニ

ケーションをし，どのような関係を取り結んでいるのかをみていくことにしよう[1]。

　仲島一朗らによれば，若者は，普段からよく会っている友だちや恋人といった10人にも満たない仲間とのコミュニケーションを一層緊密化させるためにケータイを使っているという。ケータイで連絡を取り合うことで，仲間との絆をいっそう強め，心理的には24時間一緒にいるような気持ちになれる「フルタイム・インティメイト・コミュニティ」を作り上げていると述べている（仲島一朗他「移動電話の普及とその社会的意味」『情報通信学会誌』第16巻3号，1999年，79-91頁）。若者たちは，ケータイで「いま何してる？」といった他愛のない内容をメールでやりとりしながら，いつでもどこでも，友だちとつながっているのである。

　しかし，その「つながり」をめぐって，さまざまなことが指摘されている。ひとつめは，返信ルールに関してである。これは，友だちからメールがくると，3分以内に返信をしないといけないというルールである。地域等によって，1分以内とか15分以内とか，多少ばらつきがある。そうしたルールがあるにもかかわらず，時間内に返信をしないと，絶交されることもある。しかも，友だちからのメールに，はやく返信をすることこそ，親しさの証となる。いちはやく返事をくれた相手こそが親友なのである。そうであるがゆえに，子どもたちは，いつでもすぐに返信ができるように，勉強中も，食事中も，入浴中も，ずっとケータイを手放さず，メールの着信を気にしなければならないのである（加納寛子『即レス症候群の子どもたち〜ケータイ・ネット指導の進め方〜』日本標準，2009年，12-14頁）。

　2つめは，つながり方に関してである。フルタイム・インティメイト・コミュニティは，ケータイを通して「いつも一緒」にいることが重要である。しかし，「いつも一緒」にいる状態にこだわるあまり，中身のないメールのやりとりを繰り返すばかりとなり，お互いの内面の理解が深まらないという点が指摘されている。換言すれば，フルタイム・インティメイト・コミュニティにおけるつながり方は，常に友だちと連絡を取り合うといった「関係の

形式面での濃密性」と，友だちを十分には理解できていないといった「関係の内容面での希薄性」が同居しているということである（石井久雄「携帯電話で結ばれた青少年の人間関係の特質～「フルタイム・インティメイト・コミュニティ」概念をめぐって～」『子ども社会研究』9号，2003年，42-59頁）。

　こうしたフルタイム・インティメイト・コミュニティは，どのような変化を子どもたちにもたらすのであろうか。「便りのないのは良い便り」という言葉がある。広辞苑によれば，「連絡がないのは相手が無事な証拠だということ」を意味しているという。ケータイが無く頻繁に連絡が取れなかった頃の昔の友だち関係においても，こうした要素が反映されていた部分があった。つまり，連絡がないことは良いことであり，友だちが順調な生活を送っていると信じ合うしかなかった。しかし，ケータイが普及することによって，連絡がないことは悪いことであり，友だちが怒っているサインなのかもしれないと不安になるようになってしまったのである。このことは，これまでの「友だち」概念を変えていく可能性がある。それは，ケータイでいつも連絡を取り合うことこそが，「友だち」であると考えるようになるからである。しかも，ケータイで結ばれた友だち関係は，可視化できてしまう。ケータイのアドレス帳に何人のメールアドレスが登録されているか，どれくらいメールをくれるか，すぐに返信をくれるか。そうしたことを通して，友だちは何人いるのか，自分のことを気にかけてくれる友だちは誰か，友だちとの関係は浅いのか深いのかが，明確になってしまうのである。「可視化される友だち」。ケータイが子どもたちの生活に深く浸透することによって，「友だち」概念や友だちとの関係の取り結び方が変わってきたといえよう。

学校裏サイトにおける悪意

　学校が公式に設けているホームページを「表」のサイトと呼ぶのに対し，児童・生徒が非公式に設けている学校に関する掲示板等のことを「学校裏サイト」と呼ぶ。「学校裏サイト」には，「この学校でカッコイイのは誰か」，「期末テストの出来は」，「文化祭はどうだった」といったことが，主に携帯

電話から書き込まれ，他愛のない話で埋め尽くされる。しかし，掲示板へ書き込みをしていく中で，時に，「ウザイ」，「死ね」といった言葉とともに，相手を激しく非難したり，誹謗中傷したりすることが起こり，いわゆる「ネットいじめ」に発展していくことがある。このように「学校裏サイト」が「ネットいじめ」の温床となることが問題視されているのである[2]。

　「学校裏サイト」における「ネットいじめ」の特徴としては，第一に，原則的には匿名で悪口を書き込めることである。誰が書き込んだのかを隠すことができ，手口が陰湿となる。第二に，書き込みを見る人数が膨大になる可能性があることである。当事者同士だけではなく，クラス全員が，場合によっては学校の生徒全員が悪口を見ることも可能であるので，影響が広範囲化する。第三に，簡単にできることである。匿名で相手の悪口を言いふらすためには，昔は怪文書的なメモを作成し，それを友だちに回覧してもらうという手間暇がかかった。しかし，今ではケータイさえあれば指先ひとつで行うことができるようになった（石井久雄「インターネット・ケータイと高校生」『月刊高校教育』学事出版，2008年8月号，24-27頁）。

　こうして，学校裏サイトにおけるネットいじめは，書き込む方と書き込まれる方とで，明暗を分けることになった。書き込む方は，自分だと特定されずに，ムカつく友だちの悪口を書き込むことで，モヤモヤとした「どす黒い気持ち」がスカッとして気が晴れる。書き込まれた方は，書かれた内容にショックを受け，友だちの誰が犯人かと疑心暗鬼になり，全校中の生徒が見ているのではないかという不安感に襲われ，「奈落の底」に突き落とされた気分になる。

　「学校裏サイト」の登場により，いとも簡単に相手を陥れることができるようになった。それにもかかわらず，そうした手段には訴えず，友だちへのモヤモヤとした「どす黒い気持ち」を自分自身の中で落ち着かせていくには，どうしたらよいのか。そうした方向での多様な解決策を模索していく必要がある。

匿名の他者との親密性と多元的自己

　学校裏サイトに限らず，ネット上には，ハンドルネームを使い，自分の名前を明かさずに，相手とコミュニケーションできるサイトがたくさんある。今や子どもたちは，簡単に匿名の他者とコミュニケーションすることができるようになった。匿名性を獲得することで，コミュニケーションの質は変化する。実名同士のコミュニケーションとは異なる何かが，そこには存在している。それは何なのであろうか。ここでは，匿名の他者と関わることによる影響を2点あげておく。

　第一に，匿名の他者であるからこそ，親密性が増すことである。ネット上での匿名的な関係は，お互いの身元を明かしていないがゆえに，関係を継続していく義務はあまりない。関係をいつ切断してもあまり問題とならない。そうした状況にもかかわらず，匿名的な関係が継続するとき，両者の親密さは急速に深まる。匿名性を前提としたメディア上の親密な他者を，富田英典は「インティメイト・ストレンジャー」と名づけた（図7-2参照）。

　このように，匿名的な関係であるからこそ，今までにない親密さを感じるということもあり得るのである。しかし，インティメイト・ストレンジャーとの親密さに居心地の良さを感じてしまうと，主に実名の他者との相互行為

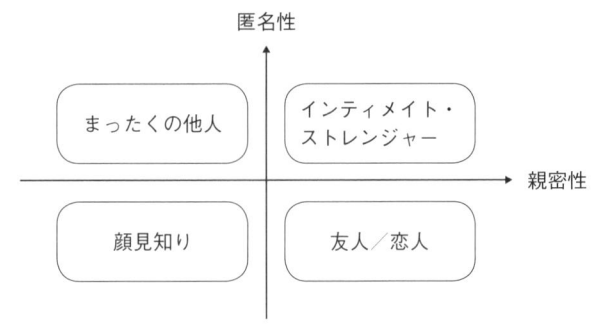

図7-2　インティメイト・ストレンジャー

出所）富田英典「ケータイとインティメイト・ストレンジャー」松田美佐他編『ケータイのある風景』北大路書房，2006年，149-150頁

で成り立っている日常生活世界（たとえば，家庭や学校といった，いわゆる「オフライン」での生活）に，息苦しさを感じるようになるかもしれない[3]。

第二に，匿名性を獲得することによって，自己の多元化が進んでいくことである。タークル（Turkle, S.）は，オンラインゲームに没頭する若者たちが，ネット上に，複数の自己を作り出している状況を描き出した。しかも，日常生活世界での自己からかけ離れた自己をも作り出しているという（シェリー・タークル著，日暮雅通訳『接続された心～インターネット時代のアイデンティティ～』早川書房，1998年）。

また，浅野智彦は，若者がネット上に日記やブログを複数書いていることを取り上げながら，自己の多元化がさらに進行している実態を指摘している。日記とは，自己について語る場であるとすると，その語りを通して自分自身を作り出し，点検確認し，あるいは再構成していく場であるといえる。そうした日記を複数書いているということは，まさに複数のアイデンティティを作りだしていることであり，それらを使い分けている証拠だとしている。さらに，日記が普段の生活について書き綴られることを考えると，ネット上での多元性は，日常生活世界と地続きのものになっているかもしれないという（浅野智彦「ネットは若者をいかに変えつつあるか」『大航海』56号，新書館，2005年，176-183頁）。匿名性，自己提示の自由度の高さ，参入離脱のしやすさというネットの特徴は，複数の自己を作り出すことを容易にしたのである。

「日常生活世界での自己」，「日常生活世界の自己と地続きのネット上の自己」，「日常生活世界の自己とは全くかけ離れたネット上の自己」。さまざまな自己が乱立する状況を少し考えてみよう。まず，日常生活世界における自己について。たとえば，家での私（一人っ子の長男），学校での私（先輩と後輩の板挟みにあっている高校2年生），バイト先での私（新米）と，日常生活世界における自己も，ある種の多元性を帯びることがある。しかし，主に実名の他者との対面的相互行為により成立している日常生活世界の自己は，場所の制約（家，学校，バイト先等），他者の制約（家族，学校の友達，バイト先の同僚等），身体の制約（年齢，性別等）があるため，多元化したとしても限度があ

る。しかし、そうした制約から解放されるネット上では、多元性が無制限になっていく。「日常生活世界の自己と地続きのネット上の自己」というのは、ネット上で、日記Xを匿名の他者に公開している自己X、日記Yを匿名の他者に公開している自己Y等々という状況となる。さらに、「日常生活世界の自己とは全くかけ離れたネット上の自己」というのは、オンラインゲームで匿名の他者とコミュニケーションしている女性キャラαを操っている自己α、長老キャラβを操っている自己β等々という状況となる。日常生活世界の多元的な自己に、さらにネット上での多元性が加わったとき、自己の多元性は無限の幅をもつことになる。

そうしたとき、今さら自己の統一性や一貫性を目指さないにしても、少なくとも場に応じて自己を切り替える能力や多元的な自己を調整する能力は必要となるであろう。そうしたある意味で高度な能力は、どのように身につけられるのであろうか。まだ未解明の部分が多い。

メディアはメッセージ

一般的にメディアは、メッセージをのせて運ぶ単なる乗り物（媒体）にすぎないと考えられている。しかし、カナダ出身の文明批評家であるマクルーハン (Marshall McLuhan) は、そうした一般的な見方を覆し、メディアそれ自体にメッセージ性があると主張した。すなわち、メディアにはそれぞれ特性（形式）があり、それがメッセージ（内容）を規定するということである。たとえば、「ごめんなさい」というメッセージを、直接会って伝えるのと、メールで伝えるのでは、印象が変わってくる。メッセージだけではなく、メディアそのものに注目する必要がある。

4 消費社会・情報社会で生きていくために

今どきの子どもにとって、コンビニで買い物をしない生活やケータイのない生活は、考えにくいであろう。現代社会に生きる人々が、消費社会・情報社会と無縁の生活を送ることは難しくなっている。それどころか、消費社

会・情報社会はますます進展しつつあり，それらは子どもの成長にとって，欠かせないものになってきているとさえいわれている[4]。そうしたなか，消費社会・情報社会で子どもが生き抜くために，私たちができることは何であろうか。最後にその糸口を考えてみよう。

消費社会に生きる子どもたちに

　幼いうちから消費者として一人前扱いされる子どもたち。しかし，だからといって人生を消費者としてのみ生きていくことができる人は，あまりいないであろう。年を重ね大人になるにつれ，生産者であったり，サービス提供者であったり，労働者であったりする側面を背負っていくようになる。そうした側面を，子どもたちに自覚化させていくことが，これから必要となる。社会的・職業的な自立にむけて行われるキャリア教育は，有効な手段のひとつであろう[5]。しかし，より身近な所でできる最初の一歩は，地域の大人たちとさまざまな交流をすることで，隔離されている消費空間から子どもたちを脱出させることである。そして，そのことを通して，「お客様」であった自分や，モノで個性を表現している自分を見つめ直し，消費社会に踊らされている側面に気づかせることである。これからの大人の行動にかかっている。

情報社会に生きる子どもたちに

　情報社会で生きていくには，子どもへの情報モラル教育等が重要である。たとえば，掲示板等への誹謗・中傷の書き込みへの対策，個人情報の無断掲載への対策，特定の子どもになりすましてネット上で活動を行うことへの対策等々，「ネットいじめ」への対応策である[6]。しかし，問題のある内容が投稿される場所は，学校裏サイトにかぎらず，プロフやSNS等々広範囲にわたり，ネットパトロールにより監視するにしても，限界がある[7]。翻って考えてみたとき，「可視化される友だち」，友だちへの「どす黒い気持ち」の増幅，匿名の他者との親密性等々は，関係性にまつわる問題である。そうで

あるとすれば，問われているのは，子どもの関係構築能力をどのように育成するのかということである。日常生活世界における人とのかかわりの重要性が再認識される。

なお，ケータイやネット以外にも，子どもたちは，テレビや携帯ゲーム機など，さまざまなメディアを利用している。多様なメディアから，子どもたちはトータルとしてどのような影響を受けているのであろうか。そうした点にも，注目していく必要がある。

> **考えてみよう**
> - 今どのような服が流行っているだろうか。また，流行の服を着ている人は，どのような自己表現をしようと思っているのか考えてみよう。
> - ケータイ・メールだと伝えやすい内容・伝えにくい内容は何だろうか。そのことを通して，ケータイ・メールが，どのような役割を果たしているのか考えてみよう。

注

1) 「子どもの携帯電話等の利用に関する調査」（文部科学省，2009年2月25日発表）によれば，小学6年生の24.7％，中学2年生の45.9％，高校2年生の95.9％が携帯電話を所有している。

2) 詳しくは，下田博次『学校裏サイト』東洋経済新報社，2008年，藤川大祐『ケータイ世界の子どもたち』講談社現代新書，2008年を参照するとよい。なお，文科省の「児童生徒の問題行動等生徒指導上の諸問題に関する調査」（2011年8月4日発表）によれば，「パソコンや携帯電話等で誹謗中傷や嫌なことをされた」のは合計で2,924件にのぼり，その内訳を学校種別でみると，小学校で9.2％，中学校で56.9％，高校で33.3％，特別支援学校で1.0％となっている。中学校，高校での割合がとくに高くなっている。

3) また，富田は，ギデンズの「純粋な関係性」の概念を援用しながら（アンソニー・ギデンズ著，松尾精文他訳『親密性の変容』而立書房，1995年，90頁），別の角度からもネット上の親密さを分析している（富田英典「ケータイとインティメイ

ト・ストレンジャー」松田美佐他編『ケータイのある風景』北大路書房，2006年）。
4) 中西がいう「トライアングル型成長」（中西新太郎『思春期の危機を生きる子どもたち』はるか書房，2001年）。
5) 文部科学省「小学校・中学校・高等学校 キャリア教育推進の手引き」（2006年11月発表），文部科学省「今後の学校におけるキャリア教育・職業教育の在り方について（第2次審議経過報告）」（2010年5月発表）等を参照のこと。
6) 文部科学省「『ネット上のいじめ』に関する対応マニュアル・事例集（学校・教員向け）」（2008年11月発表）等を参照のこと。
7) 文部科学省の「青少年を取り巻く有害環境対策の推進～青少年が利用するコミュニティサイトに関する実態調査～」（2010年3月発表）では，問題等のある投稿がなされる場所の中心が，掲示板からプロフやSNSへと移行していると報告されている。学校裏サイト以外にも目を向けていく必要がある。

キッザニア（kidzania） 〜キャリア教育の視点から〜

　勤労観や職業観の希薄化，高水準の早期離職率，フリーターやニートとなる若者の存在等の問題を背景として，近年，キャリア教育への期待が高まっている。文科省が2004年に示した「キャリア教育の推進に関する総合的調査研究協力者会議報告書」では，まず「キャリア」を「個々人が生涯にわたって遂行する様々な立場や役割の連鎖及びその過程における自己と働くこととの関係づけや価値づけの累積」として捉えている。そのうえで，「キャリア教育」とは「キャリア概念に基づき，児童生徒一人一人のキャリア発達を支援し，それぞれにふさわしいキャリアを形成していくために必要な意欲・態度や能力を育てる教育」であると定義している。要するに，「児童生徒一人一人の勤労観，職業観を育てる教育」である。

　また，「キャリア教育の基本方向」として，①一人一人のキャリア発達への支援。②「働くこと」への関心・意欲の高揚と学習意欲の向上。③職業人としての資質・能力を高める指導の充実。④自立意識の涵養と豊かな人間形成の育成の4つが提示されている。そうした基本方向のもと，「キャリア教育推進のための方策」のひとつとして，「体験活動等の活用」があげられている。それは，「体験活動等は，職業や仕事についての具体的・現実的理解の促進，勤労観，職業観の形成等の効果があり，社会の現実を見失いがちな現代の子どもたちが現実に立脚した確かな認識を育む上で欠かすことができないもの」であるからである（文科省「若者の自立・挑戦のためのアクションプラン」における「キャリア・スタート・ウィーク」（中学校を中心とした5日間以上の職場体験）等も参照のこと）。こうした方向性へのキャリア教育に賛否があることを踏まえつつ，その動向をおさえておこう。

　「体験活動等」が行える施設（有料）のひとつとして，キッザニア（kidzania）がある。キッザニアは，子ども向けの職業体験型テーマパークで，消防士，パイロット，新聞記者，パン職人など90種類以上の仕事や習い事が本格的に体験できる。そのことを通して，仕事や社会への考えを広げることができるという。また，キッザニアでは，キッゾという専用通貨が使われており，子どもが仕事をしたら，給料としてキッゾを受け取ることができる。そして，キッゾを使って，買い物をしたり，習い事をしたり，銀行に貯金したりして，経済の仕組みの一端も学ぶことができるという。こうした形の職業体験のあり方に対してはさまざまな意見もあるが，キッザニアは，キャリア教育における体験活動のひとつのあり方を示しているといえよう。

【石井久雄】

第8章

日本の社会と教師

●**本章のねらい**●

社会が変われば教師のあり方や役割も違ってくる。本章ではまず，教師とは何か，教師についてどのような論議が交わされてきたかを振り返り，次に教員免許制度や教員給与など教職の社会的位置づけと役割について考察し，最後に，これからの社会における教職のあり方について展望する。

1 教師とは何か

教師はどのように語られてきたか

教師に関する議論は，戦前期から枚挙にいとまがない。しかし戦前期のそれはほとんどが「教師たるものいかなる人物でなければならないか，いかなる人格の持ち主でなければならないか」を説く人物に関する「べき論」，言い換えれば「理想の教師論」に終始するものであった。実証的データに基づく経験科学的教師研究は戦後を待たねばならなかった。

第二次世界大戦後の教育改革期，戦後教育制度の大枠を作った「教育刷新委員会」での議論で，これからの社会が求める教師として，「アカデミシャンズ」（教科の専門に優れ，それを次の世代に伝達する者）か，それとも「エデュケーショニスト」（児童・生徒の全人的発達の指導に責を負う教育の専門家）かという2つの理想像の間で論議が戦わされたことがあった。また1950年代半ば以降のいわゆる「55年体制」の時期には，「教師＝聖職者」論（聖職者が

137

自分の私欲，快楽を禁欲して神に尽くすように，教師は教育に身を捧げて，国家社会のために尽くすべきものだ，という考え方）と，「教師＝労働者」論（教師も，他の一般労働者と同じように自らの生活の糧を確保し，それをより豊かにする権利を有するもので，その安定なしには国民の期待に応える教育さえできない，という考え方）が対立して，政治世界における保守対革新，経済界における経営者対労働者という対立の構図に対応して論議された。前者は，自由民主党・文部省によって，後者は日本社会党・日本教職員組合（以下，日教組）によって主張，支持され，いずれもゆずらない"がっぷり四つ"の時代がその後しばらく続いたが，ILO＝ユネスコが「教員の地位に関する勧告」（1966年）において，「教育の仕事は専門職とみなされるべきである」という考え方を提案するに及び，上の対立構図に風穴が空くかに思えた時期があった。文部省も，日教組もこの「教師＝専門職者」論にはほとんど異論がなく，双方がこの考え方に歩み寄り，相互の主張が融和されるかに思われたが，結局は双方いずれもこの「教師＝専門職者」論を，自分の都合に合うように解釈し，従前の考え方を踏襲する結果に終わったのである。その後も，「サラリーマン教師」，「デモシカ教師」，「M教師」，あるいは「熱血教師」，「指導力不足教師」など教師を語る言説には止まるところがない。こと程左様に，世間は教師に対して，一方であるべき理想像を掲げ，他方でそれを参照枠にして現実の教師を評価してきたのである。

　ところで，こうした「教師論」が教師の教育活動を支援するどころか，恣意的に作り上げられた理念的教師像を物差しにして，教師を批判したり，過度の期待をかけるというかたちで，教師たちの教育営為を制約し，その障害となっているという異議を申し立てる発言が，80年代半ば頃から一部の現場教師を中心になされるようになってきた。それぞれの時代がもつ教師に対する期待を背後に，その時代の教育に「よかれ」と思う善意から表明されてきたものであるはずの「教師論」が，逆に教師たちの営みを縛り，教師たちを追いつめているというのである。

　世論はそれぞれの立場から，教師への注文や批判をする。それをまともに

受け止めて，教師が真面目に教育に取り組み，熱心に教育すればそれで問題解決ということにはならないのである。むしろ結果は裏目裏目とでて，教育の対象である児童・生徒たちからは「余計なことをしてくれる」と背をむけられる。教師と生徒との間にさらに深い溝をつくることにもなる。教育熱心は，それだけでは空回りするにとどまらず，生徒側から忌避されることにもなる。こういう構図の中で，教師のあり方について，たとえ善意からであれ，世論があれこれの注文や期待をかけることがさらなる悪循環を促進するのである。そしてこうした具体的な問題状況の中で，教師の責任が問われ，その実践的指導能力がないと批判される中で，上記のような現場教師たちの異議申し立てが登場したのであった。

教師と生徒の間

　私たちは生まれてから死ぬまで，家族での親子関係，近所での友人関係，そして学校での生徒－教師関係，さらには職場における上司や同僚との関係などさまざまな人間関係のネットワークの中で生活している。子どもはまず親の世話なしでは生きていけない。そして友達同士での遊びと交流を通じて，親から自立するすべを身につけていく。職場の上司や同僚との関係なしに，生きる糧を稼ぐ仕事を維持することもできない。このようにほとんどの人間関係は，生き物としての人類が生きていくため，またその種を保存するために必要不可欠な仕組みといえる。これら多くの人間関係の中で，生徒－教師関係は近代の教育が設計したきわめて特殊な装置だと考えざるをえない特質をもっている。それについて以下，親子関係，友人関係，師弟関係と比べながら考えてみよう。

　まず友人関係からみてみよう。近所の遊び仲間，クラスメート，暴走族のグループ，そして職場の同僚など友人関係にも年代と場所でいろいろあるが，すべてに共通している点は，それがヨコの水平的な人間関係からなるということである。これに対して，親子関係，師弟関係，そして生徒－教師関係には，必ず上下関係がともなう。いずれもタテの垂直的な人間関係からな

っている。

　次に，親子関係と比べてみよう。親も教師もどちらも大人で，子どもや生徒を世話したり指導する上位者の立場にあるという点で類似している。すなわちいずれも垂直的な人間関係である。しかし同じ上位者でも，親は家族の中で，自分が生んだ子どもを，したがって年齢が異なる少数の子どもを，もっぱら私的な動機から育てるが，教師は学校に集まってくる同一年齢の，通常は二桁を数える複数の子どもたちに，社会の要請と委託を受けて，定められた知識や技術を伝達し，集団生活を訓練する。つまり親子関係は私的な関係，生徒－教師関係は公的な関係という点で，両者は相互に対極をなす人間関係である。

　では師弟関係と生徒－教師関係はどこが違うのだろうか。師弟関係も親子関係と同様，私的で上下の垂直的人間関係である。親子とはおよそ生物がその種を維持保存するための仕組みであるに対し，師弟とは，知識なり技術なりという人間の文化を次の世代に伝えるための人類特有の制度，装置であり，いわば人間文化を維持保存するための仕組みともいえる。この点で師弟関係と教師－生徒関係に違いはない。しかし，師弟関係は私的な人間関係であるのに対して，生徒－教師関係は公的な人間関係であるという点に両者の最大の違いがある。言い換えれば，生徒－教師関係は，公的な師弟関係ということになる。師匠と弟子は，基本的には師匠個人が弟子個人に教授し，弟子個人が師匠個人に学ぶという，私的・個人的な関係である。これに対して，教師は（ここでは「学校教員」と言うほうが正確であるが），社会を代表して，その代弁者として生徒を教育し，生徒は次代の社会を担う成員として，その準備のために教師の教えを受ける。つまり教師と生徒の関係は，教師集団と生徒集団との間の公的・集団的な関係である。

「人格的リーダーシップ」と「制度的リーダーシップ」

　ここで思い出すのは，アメリカの社会学者ウィラード・ウォーラーが提案した「人格的リーダーシップ」（personal leadership）と「制度的リーダーシ

ップ」(institutional leadership)という概念である(ウォーラー,W.著,石山修平・橋爪貞雄訳『学校集団—その構造と指導の生態』明治図書,1957年)。ウォーラーは,「相異なる人間同志の結びつきから必然的に生じる」指導を「人格的リーダーシップ」,はじめに支配と服従についての制度があって,その制度が定める型にしたがって行われる指導を「制度的リーダーシップ」と名づけた。

　学校という制度がまずあって,その制度が教師を要求する。生徒と教師は,はじめて互いに会う前に,すでに教師であり生徒である。生徒の地位は教師に指導されるものとしてあらかじめ定められている。教師はその生徒によって選ばれるのではなく,外部の機関によって任用されている。教師個人のパーソナリティは,あらかじめ設定されている教師という職業の鋳型に合わせられる。教師個人に指導者としての威信が備わっているのではなく,教師という職業に備わっている威信の型に教師個人が同化するのである。教師個人のもつ権威によって指導するのではなく,教師という役職に備わっている権威によって指導するのである。

　ウォーラーは,その「制度的リーダーシップ」という概念を使って,学校教師が生徒を指導する根拠のありかについて,およそこのように説明している。伝統芸能や,職人の世界における秘伝や技の伝授にみられるように,弟子が師匠の人と技に魅せられて,自ずとその指導,支配を受け入れる師弟関係とは違って,近代学校における教師と生徒は,あらかじめ定められた指導者と被指導者という社会制度のもとで,社会が求める役割を遂行することを強制されるというのである。「制度的リーダーシップ」を「教員」,「人格的リーダーシップ」を「師匠」に対応させて捉えているのである。

　ここで「教師」と「教員」と「師匠」という3つの呼び方をどう区別するかが問題になる。「教師」ということばには「教員」的側面と「師匠」的側面があり,私たちは時に,「教員」と言うべきところを「教師」と言って,本来は「師匠」に求めるべきことで,教員にはできないことを教員に求めていることはないだろうか(「カリスマ教師」をもてはやす風潮など)。戦後の教員養成のあり方を構想した教育刷新委員会で,「アカデミシャンズ」と「エデ

ュケーショニスト」との対立があり，論争があったことを先に述べたが，前者が「師匠」派，後者が「教員」派ということになろう。今，教育基本法が改正され，教員免許の更新制や，教職大学院など戦後教育の枠組みに触れる改正が進められている。「教師」と「教員」などの用語に始まる「教師とは何か」という議論を，最初からやり直すべき時期にきているのではないかと考える。

2 学校の変貌と教員制度の改革

学校の社会的機能と教員役割

　いま，この国の教師と教師教育のあり方をめぐって，途方もない地殻変動が起こっている。それは，明治時代にこの職業が成立して以来最大規模の大変動である。学校教員という職業を職業たらしめていた前提が揺らぎ，この職業の存立根拠が危ぶまれている。戦前期にあっては，国家事業としての義務教育を担う職業であるとされ，国家に尽くす官吏に準ずる職業・身分(「准官吏」)に位置づけられていた。そして戦後は，旧教育基本法第6条にいう「全体の奉仕者」(これが新教育基本法では削除されている点を見逃すことは出来ない)とされ，とくに公立学校の教員は「教育を通じて国民全体に奉仕する教育公務員の職務とその責任の特殊性」に基づき「教育公務員特例法」(1949年制定)に，その任免，給与，分限，懲戒，服務及び研修について定められたのであった。国家に尽くす官吏にしろ，国民全体の奉仕者である公務員にしろ，学校教員という職業を近代公教育を専門的に担う社会的役割として位置づけるものであり，その営みは国家社会にとって不可欠のものであるという認識に立っていた。それが，前世紀の末頃(1990年代)から，今世紀初頭にかけて，この職業の存立が危ぶまれるほどの改革，変革が進行しているのである。

　振り返ってみれば，高度経済成長期が終わった70年代の後半に，学校と教員をめぐる問題状況は大きな転機が訪れていた。社会的要請と国民の教育

要求との間の蜜月時代が終わり，学校の公的機関としての存在理由が希薄化し，その分学校はさまざまな私益をめぐる思惑が跋扈する修羅場となっていった。学力の養成とは受験勉強のこととされ，学習塾や受験産業が代行するようになってきた。公の規制が少ない私立学校が生徒や親に好まれる傾向が強くなってもきた。学校をめぐる公益と私益との間に高度経済成長期までの相乗的な関係がなくなり，むしろ両者の間の矛盾が露呈してきたといってもよい。それまでは当然とされてきた学校に行くことの意味が問題視されるようになってきた。そして，80年代になると，いじめ（自殺），校内暴力，不登校，中途退学など学校の機能不全を示すさまざまな症状が現れ，教育の病理が問題化してきた。

　税金を費やして雇っている教員たちは一体何をしているのかと，問い詰める様相さえみられるようになった。それに対して教員はあれこれと種々の対策を講じて，改善への努力を重ねた。しかし今度は，「体罰だ，管理教育だ」という批判が投げかけられた。1990年に起こった「校門圧死事件」はこのような教員役割の葛藤を象徴する事件であった。教員の職業は教育であるのはいうまでもないが，その教育の中身は一体何なのか，教員は一体いかなる役割期待に応えればいいのか，教員たちの混迷状況は深まる一方であった。国家が規定する教員役割は一枚岩であるから，それに応えることに同意すれば，あとはそれを忠実に実行すればよい。しかし今教員は，多様な，しばしば相互に矛盾する役割期待を負わされている。あちらを立てればこちらが立たず，こちらを立てればあちらが立たずという状況である。

　1987年に臨時教育審議会の最終答申が出され，その後90年代以降，戦後教育の枠組みに触れる教育改革（学校制度・および教員制度を含む）が進められている。少子高齢化とともに，医療や年金などの社会保障に費やす費用が増える一方で，経済活動を支え，税金や年金を実際に支える生産年齢人口は減少，当然国家財政は赤字額を増やしていく。義務教育教員の給料の原資となる税金を払っている国民，保護者，親たちの教師に対する目は厳しさを増してくる。そのような中で，教員の管理を預かる政府・文部科学省や教育委

員会は教員の仕事ぶりを細かく観察，評価して，政令や通知を出して忠告したり，注文を出したりする。また，その制度を変えて，教員の仕事が確かに国民のために営まれるものであることを確約するのである。社会が変われば学校が果たすべき社会的機能も変わらねばならない。それにともなって教員役割も見直す必要が生じてくる。先頃（2009年）に始められた「教員免許更新制」は，さしずめこのような事情で制度化された格好の例であろう。

教員免許制度

　教員免許制度は，教員に課される職責の重大性に鑑み，相等の免許状を有しなければ教員に任用されないという制度のことである。わが国で教員になる条件を定めた最初の公的規則は「学制」（1872年）である。小学教員については「師範学校卒業免状または中学免状」をもつ者という学歴を求めているが，この時点では教員免許状についての規定はない。1886（明治19）年に公布された「諸学校通則」において，師範学校卒業者も含めて教員免許状を有することを求めたのが，この教員免許制度が法制度として定められた最初である。小学校教員の免許に関して，その有効期限を外して終身有効としたのは1900（明治33）年制定の「小学校令施行規則」にまでさかのぼる。全国に通用する普通免許状と当該府県内でだけで通用する府県免許状の別も，1913（大正2）年の改正で全国通用に一本化された。この度の教員免許更新制は，すでに百年以上も前に確立した終身有効の制度を期限付きにするという，時代錯誤とも捉えられかねない制度改革である。

　戦前期の教員免許制度は，小学校については「小学校令施行規則」で，中学校・高等女学校・師範学校については「教員免許令」（いずれも1900年制定）で定められていた。戦後は小学校，中学校，高等学校の教員すべてを同じ扱いで「教育職員免許法」（1949年）に定めた。同法第3条（免許）は「教育職員は，この法律により授与する各相当の免許状を有する者でなければならない」としている。免許状の種類は，普通免許状，特別免許状，および臨時免許状の3つで，中学・高等学校の普通免許状及び臨時免許状は教科

毎に，小・中・高等学校の特別免許状は，特定の教科に限って授与するとしている。免許状は基礎資格である学歴（大学または短期大学卒）を有し，所定の単位を修得した者，または教育職員検定試験に合格した者に授与される。

　この度の教員免許更新制については，上に述べた文部科学省等の立場からの見解とは真っ向から対立する見解が発表されて注目された。それは，2004年4月総理大臣の諮問機関として設置された「規制改革・民間開放推進会議」からの，義務教育制度なかんずくその教員養成および教員免許制度に関する注文である。そこには「当会議は，教員免許更新制の導入は，免許の強化につながるものであって重大な問題を抱えているため，現行の教員免許制度自体の問題点の検証を踏まえ，教員任用の仕組みを含めて制度を抜本的に見直す必要があるものと考える」との見解が記されている。さらに教員免許制度自体について，「常勤教員採用に当たって教員免許を要求すること自体，免許はなくとも優れた教育的資質をもつ者が教壇に立つことを阻んでおり，教員の資質向上や教員任用の公平性を損なっている」という捉え方をしており，優れた資質をもつ多様な社会人の任用に抑制的に作用していると主張している。

　医師免許をもたないで何年も医療行為をしていた「ニセ医者」が逮捕されたというニュースを時々新聞で見ることがあるが，人の命を預かる医療行為でも，免許の有無の違いがわからないとすれば，ましてや教育行為において，教員免許をもつ者と，もたない者とで一体いかなる差があるのか，一般にはほとんど見分けはつかないのもうなずける。

　この「規制改革・民間開放推進会議」は，その後第2次答申「『小さくて効率的な政府』の実現に向けて―官民を通じた競争と消費者・利用者による選択―」（2005年12月21日）を発表し，上と同じ趣旨の提案をしているが，その根拠資料には内閣府が実施した「学校制度に関する保護者アンケート」の調査結果が添えてある。その調査では，「教員免許のための教職課程を経ていることが，教員の資質向上に役に立っていると思いますか」と直截な質問がなされているのである（内閣府「教育委員会・学校法人アンケート，および教員アンケート」集計結果，2005年12月5日）。

給与制度

　警察官は治安を守ってくれる。医者は病気を治してくれる。新聞記者は情報を提供する。デパートの店員は商品を売る。およそ職業といわれるものはすべて，他者が欲する何らかのサービスなりモノなりを提供することで，その報酬を得る。他者の望みをかなえる見返りとして，人はその報酬を得，その収入で自らの生活の糧を確保する。では，教員は何を提供してその見返りたる給与を得ているのであろうか。もちろん教育というサービスを提供しているということになる。しかし，事はそれほど単純ではない。教員の仕事は，必ずしも児童・生徒の欲することに直接応えるものとして営まれてはいない。このことは，教員たちの給与，すなわち教員から受ける教育サービスへの対価を，児童・生徒自らが支払っていないことに端的に現れている。教員たちの給与を支払うのは，児童・生徒の父母，あるいはその集合体としての社会である。公立学校の教員であれば，教員を雇うのは教育委員会であり，教育委員会は社会からの委託を受けて，教員を採用し，その職務を定め，それぞれの職務に見合うだけの給与を支払うのである。

　教員たちが提供する教育サービスを受け取るのは児童・生徒であるが，その教育サービスの内容は対社会的な関係で取り決められる。これが近代公教育の仕組みである。では社会は一体どんな内容をその教育という営みに期待しているのであろうか。言い換えれば，教員は何を提供することで，その報酬たる給与を社会から支払われるのであろうか。

　戦前は，国家のために臣民の訓育に携わる，戦後も高度経済成長期までは，一方で企業のために産業人材の養成に貢献し，他方で国民の進学・就職要求に応えるというのが，社会の教員に対する役割期待であった。高度経済成長が終わった70年代後半からは，学校教育の公的な目標が見えなくなり，国民個々人の私的な教育要求にどう応えるかが問われることになった。とくに臨時教育審議会答申以降の教育の流れは，規制緩和，自由化，個性化に向かっている。公立学校も選択制にする，不登校も事情によってはひとつの登校形態とみなす，高校に行く代わりに大検予備校に通って，大検の資格を取

得し大学入試を目指すなどなど，種々さまざまの多様な教育要求に応えることが求められている。公的な強制としての学校から，私益にサービスする学校へと，流れは向かっているように思われる。近代学校発足以来，社会に雇われ，社会の委託に応えるという公的形態での教員役割が急速に薄れつつあるように思われる。

教師の職業モデル
　ここで問われるのは，教師の仕事が職業として成立する根拠はどこに求められるか，という点である。古今東西これまで教師という仕事で生活の糧を得てきた者を，大雑把に分類すれば以下の3つの型（モデル）に構成できるだろう。ひとつは，何らかの知識や技術を，それを求める他者に伝授することで，その見返りに報酬を得て生活の糧を得るもの，これをここでは「知識の商人」と呼ぶ。2つには，国家の教育事業を委託されて，その任務を果たすことによって給与を支払われる，これを「国家の代理人」と呼ぶ。そして第三に，国民の教育要求に応えて，教育というサービスを専門的に提供することにより，その対価を公から給与として支払われるもの，これを「教育サービスに従事する公務員」と呼ぶことにする。第一のものが江戸時代の寺子屋〈師匠〉，第二のものが戦前期の〈教員〉，そして第三のものが戦後もとくに高度経済成長期以降の〈学校の先生〉に対応させて考えてもらえばわかりやすいであろう。この3つのモデルのうち第三のモデルで半世紀やって来たのが，先に述べたように，今種々の難問に直面して打開策を模索しているというのが現状である。

3 教師の仕事を再考する

教師の教育行為をどう捉えるか
　こんにちまで語られてきた「教師論」はおびただしい数にのぼるが，「教師研究」は意外に少ないのではないか。「教師はどうあるべきか」を説く教

師論やそれを解説する研究書，教師という職業集団が社会においてどんな位置を占めるかに関する調査報告はこれまでかなりの蓄積がなされてきたが，教師たちが実際に日常的に営んでいるその教育行為を，実証的に明らかにした研究はほとんど見られないのではないか。教師研究とは，ただ教師の人間的あり方を説教したり，その職業集団の特質を指摘することにとどまらず，教師が教師として成立するために営むその職業的な行為，すなわち教師の教育行為を説明することがその中心的な課題ではないか，と考える。そのためには教師の教育行為を説明するための概念図式（フレームワーク）が用意されねばならない。以下，本章でこれまで述べてきたことを踏まえながら，その筆者なりの試みを提案してみたい。

図8-1は，教師の教育行為の構造を示した概念図式である。教師が実際に，児童・生徒を前にして，ある教育行為を営むとき，その行為を教師にとらせるものとして，大きくはその教師がメンバーの一員である教員社会の内側から作用し，彼に影響を及ぼす力と，その教師が教育という任務を委託され，その期待に応えなければならないと考えている外部社会から彼に向けて作用する力との2つの力（圧力）が考えられる。内側から作用する力は，現に教員を構成する者たちに備わった属性，教員社会に共有される常識（教員文化），あるいは個別教師がその個別の教育行為を営む学校組織，そこで維持されている伝統や文化というようなものである。外部社会から教師の教育

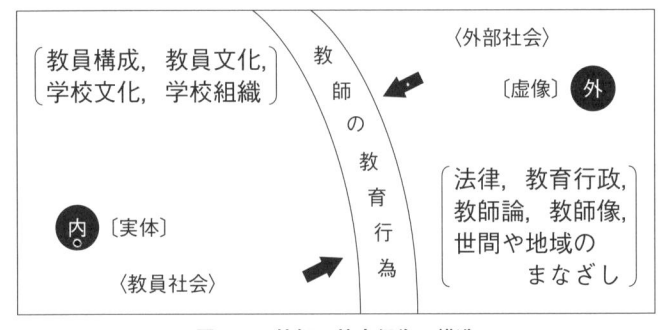

図8-1 教師の教育行為の構造

行為に働く力は，教師の職務を規定する諸法律や規程，マスメディアによって流布されるさまざまな教師論や教師像（教育世論），あるいは教師が直接接触する教育行政諸機関，そして彼が勤務する地域社会が教師に向けるまなざしなどである。個別教師はこれら教員社会の内と外の2つの世界から受ける圧力を，それまでに内在化してきた彼なりの教育観，教育方針に基づいて，受け止め，判断し，その場その時の具体的な教育行為を選択する。教師の営みは，学校，教室，児童・生徒などの現実と，世間に流布する教師論，教師像という虚像との間，いわば「虚実皮膜」の相で演じられる曲芸のようなものかもしれない。

教師の社会的地位

　いまこそ，教師の仕事，その内容と質を問う時ではないか。教職は，職業として必ずしも座り心地のよいものではない，その仕事の内容を一義的に決めたり，マニュアルに従って進めることになじまない仕事である。また，その成果の評価が客観的に測定できにくいものである。そういうものであることを了解したうえで，やはり教職は社会にとって欠かせない重要な職業であるかどうか，社会の課題として問われてしかるべき時であろう。

　また学校が，個々の子どもたちの個別的な欲望のまま，自由気ままに快楽をむさぼる場であっていいはずはないだろう。教師は一方で現在の社会を後世に伝える伝達者（アカデミシャンズ）であり，同時に未来を担う子どもたちを指導する指導者（エデュケーショニスト）である。それは，現在にありながら現在を超える，大人を代表しながら子どもの側に立つ，現在と未来，大人と子どもをつなぐ架け橋となる「伝道者」ともいえるような責務を負うものである。それは，教科の専門に詳しい専門家にも，子どもに対する実践的指導力に優れた「プロ教師」にも置き換えられない，両方を兼ね備えながら，さらに未来への洞察力と教養を必要とする職業である。

　学校はいま，国家・社会の要請に沿うものという流れから，国民・子どもたち一人ひとりのニーズに沿ってという流れに変わりつつある。税金で賄わ

> **🔑 専門職**
>
> 本来，英語の profession を日本語にしたものであるが，専門家（specialist, expert）と混同されて，専門的職業の意味にとられることが少なくない。職業分類上は，専門職は専門的職業の中に含まれるが，その職業行為にもとめられる高度の知識，倫理，あるいは公的性質に注目した概念である。専門職性の程度により「確立した（established）専門職」と，「準（semi）専門職」とに区分する考え方もある。

れている公教育が，国民のニーズに応えなければならないのは当然のことである。しかしその国民のニーズとは何か。国民の教育世論に応えなければならないが，その世論とは何か。誰の意見なのか。国民の意見はさまざまで，決して一様ではない。国民の教育世論に教師が働きかけ，それを導くような，そんな教師の教育力が求められている。先にこれまでの歴史に登場した教師の類型として「知識の商人」「国家の代理人」「教育サービスに従事する公務員」の3つをあげたが，これからの社会は，これまでにない新しいタイプの教師を求めている。それはどんな教師の姿であろうか。

　この点に関して，近年 OECD やイギリスの教育社会学者ウィッティー（Whitty, G. 著，堀尾輝久・久冨善之監訳『教育改革の社会学—市場・公教育・シティズンシップ—』東京大学出版会，2004年）などが「新しい専門職性」について論じていることが注目される。ウィッティーは，旧来の専門職が「その権限を乱用し弱者の利益を犠牲にして自己の利益を追求し」てきたとの批判は深刻に受け止めるべきだとして，「教師と，生徒・親・コミュニティのメンバーといった（旧来の専門職からは）疎外されてきた構成員との間に連携をつくりあげ」，それを基盤にした「民主主義的な専門職性」を提案している。旧来の専門職が国家の統制から自律することを求めてきたものであったのに対し，新しい専門職は，「より広い社会—ここには，これまで専門職からも国家からも十分なサービスを受けてこなかったグループを含まねばならない—の願いに応えるやり方をみつけるために，他者との協同」を目指すものであるという。

これまで，医師，弁護士を専門職のモデルとして，それに近づけることを目指してきた教師の専門職化ではなく，教師の仕事それ自体がもつ独自性，課題を基盤にした「新しい専門職」として，教師の地位と役割がこれからの社会に位置づくことが求められる。

> **考えてみよう**
> - 教師に関するこれまでの議論を，①教師人物論，②教職制度論，③教育行為論の3つの類型に分けて，それぞれの長所短所，課題や問題点などを比較検討してみよう。
> - 教員の給与は，その支給の仕組みや額などにおいて，他の職業とどう違うか，それはなぜか，教師の仕事の特質と関連づけて考えてみよう。

【参考文献】
陣内靖彦監修『文献・資料集成　戦後日本の教師論』全24巻，日本図書センター，2010～2011年
陣内靖彦「教師の地位と役割」岩内亮一・陣内靖彦編著『学校と社会』学文社，2005年
陣内靖彦「教師をめぐる12話」時事通信社『教員養成セミナー』2008年9月号～2009年8月号連載
日本教師教育学会編『日本の教師教育改革』学事出版，2008年

職業の種類と呼称

　教育という営みは学校だけで行われているわけではないし，教師だけに限られるものでもない。家庭や職場で，親が子どもを育てたり，上司が部下に仕事のやり方を教えるのも教育である。教師が行う教育と親が行う教育を区別する境界線はそれが職業として営まれるか否かにある。さらにまた，職業として営まれる教育にも，小・中学校など公教育制度下の学校を職場にして営まれる場合とピアノ教室等お稽古ごとや学習塾の講師など個人的に営まれる場合とは区別される。前者は社会的事業とされ，その経費は公費から投入され，その従事者には教員免許状という公的認可が求められる。後者は民間の事業であって，需要と供給の原則で営まれる。本章では主に小・中・高等学校の教員を念頭に置きながらその問題点について考察したが，教育に関する仕事は他にも数多くある。たとえば国勢調査の職業分類でみると，大分類の「専門的・技術的職業」の中分類として「教員」があり，その中に「幼稚園教員」「小学校教員」「中学校教員」「高等学校教員」「特別支援学校教員」「大学教員」「その他の教員」という小分類が含まれる。他方で「保育士」は，別の中分類「社会福祉専門職業」に含まれている。その他学習塾，ピアノ教室などお稽古事の教師は中分類「その他の専門的職業」の中の小分類「個人教師」に含まれている。

　また，本章では「教員」，「教師」などの呼び方にも触れたが，その他にも「教育者」「教育家」などの呼び方もあるし，教育職以外の職業に広げれば，「○○士」「○○官」「○○工」「○○手」「○○人」「○○婦」「○○夫」などさまざまな呼び方がある。保育職についてみると，現在では「保育士」が正式の名称であるが，前世紀までは「保母」または「保父」と呼んで女性職員と男性職員を区別していた。さらにいえば，「保父」は1977年の法改正で，児童の保育に従事する男性が認められて初めて使われるようになった職業名である。似たような例は看護職にもある。現在は「看護師」が正式名称であるが，以前は「看護婦」が通常の呼び方であった。それが看護職に従事する男性職員が認められて，女性は「看護婦」，男性は「看護士」と区別することにしたが，2002年からは「看護師」に統一された。事情は「保健師」「助産師」についても同様である。保育では「士」で，看護では「師」なのはどうしてだろうか気になる問題である。

【陣内靖彦】

第9章
世界，アジア，日本の教育改革

●本章のねらい●

　世界は今教育改革の時代である。先進国はもちろん，新興国，途上国においても「教育の質的な向上」は共通の課題である。世界の教育改革の潮流の中で，日本の教育改革の課題を考えてみよう。

1　諸外国の教育改革の動向と方向

　19世紀後半以降，西欧諸国やアメリカなどにおいて近代学校制度が成立し，国家的な義務教育制度が整備された。しかしながらそれは社会労働政策や治安対策的な面が濃く，子どもの教育を受ける権利を保障する目的としては十分なものではなかった。第二次世界大戦後，未曽有の戦争の惨禍の反省からユネスコ（国連教育科学文化機関：United Nations Educational, Scientific, and Cultural Organization）が設立された。ユネスコ憲章には，「戦争は人の心の中で生まれるものであるから，人の心の中に平和のとりでを築かねばならない」と記されている。世界のすべての国民や子どもに教育をあまねく普及させ，科学，文化の振興などにより平和な国際社会を築こうという崇高な考えを述べたものである。1980年代以降各国の教育改革の取り組みは，歴史的な文脈や社会背景は異なるが国家発展の基礎として人材養成を図り，「教育機会の平等化」という量的な拡張から「教育の質的な向上」を図ろうとする動きがみられる。教育システムの効率性や社会変化への対応から，社会改革の重要な国家戦略として教育の構造改革を求めるものである。

欧米先進国の戦後教育改革

　第二次世界大戦後，欧米諸国や日本はすべての子どもに「平等な教育」を与えるという理念のもとで，制度的に「教育の機会均等」を保障するために，初等教育段階を延長して単線型の学校体系を築き，教育の量的拡大をはかる教育改革に取り組んだ。

　イギリスの場合は，1944年教育法（いわゆるバトラー法）により初等，中等，継続教育の実現により義務教育年限が15歳に延長され，初等教育段階での複線型学校体系の解消を図った。ただし名門私立のパブリック・スクール（イートン，ハーローやラグビー等）などはそのままであり，階級的な複線型のシステムは完全に解消されたわけではない。さらに11歳試験（いわゆるイレブン・プラス試験）が導入され，この試験結果で大学進学に有利なグラマー・スクールへ進学できるか，それとも進学には不向きなモダン・スクール，テクニカル・スクールへかは11歳時点で振り分けられ，階級関係が教育格差として反映された。イギリスの労働党は「教育の機会均等」を実質化するため3つの中等学校を「総合制中学校（コンプリヘンシブ・スクール）」に統合することを提唱し，11歳試験の廃止が現在に至っている。しかし階級間の格差は，今度はそれぞれの学校の内部において，ストリーミングといわれる能力別のクラス編成に現れた。生徒の出身階級の違いが，学校内部のクラス編成にまで現れ，それに応じて教師側の指導も分かれるような階級差が教育格差として顕在化した。イギリスは，その後経済的停滞とインフレから脱却できず，長らく「英国病」といわれた国家的な凋落の危機に陥る。その克服をめざす教育改革は，保守党サッチャー政権による1988年教育改革法の制定にはじまる。

　アメリカにおいては，多民族の移民労働者を幅広く受け入れ，「教育の機会均等」に近づける民主的な単線型教育制度が早くから確立されてきた。とくに中等教育段階におけるハイスクールという総合制学校のシステムは，高校入試もなく学区内の生徒をすべて入学させるという平等性の高いものであった。そうしたアメリカにおける教育改革の要請は，スプートニク・ショッ

クによる軍事的戦略から科学技術人材のエリート養成が急浮上した。一方では、建国以来の歴史的課題ともいえる人種差別の撤廃を求める公民権運動、さらに60年代後半のベトナム反戦運動の広がりなどを契機に公教育改革が国民的な課題になった。後でみるように、アメリカの教育改革には「能力主義」と「マイノリティ」の問題がノドの奥に深くささったトゲのように、抜きがたく残ってきた。

西欧のドイツやフランスの教育発展をみると、歴史的に階級的な社会構造が築かれ、複線型の学校体系が長く維持されてきた。両国ともに、戦後の教育改革は特権階級と一般大衆の子どもが共通の基礎教育を受けられる制度改革を目指した。ドイツでは1959年のラーメン・プラン（注：ラーメンとは大綱、枠の意味）によりほとんどの子どもが共通のグルント・シューレ（4年制の基礎学校）に就学し、またフランスでは1975年の「教育基本法」（一般にアビ改革という）の制定により、コレージュと総称される前期中等教育機関（4年制）を統一させて単線型の学校制度に改めた。

このように欧米諸国の戦後教育改革は「教育の機会均等」を保障し、さらに義務教育年限の延長という方向で実質化をはかる取り組みであった。背景には、教育機会の拡大により、社会の平等化を図る期待があった。さらに「平等化」だけでなく国民の「教育水準の向上」は、産業発展のうえからも経済界にとって重要な課題であった。しかし学校教育の内実が、階級や社会階層の格差を反映しており、制度的な障害を除くだけでは教育達成が等しく子どもや社会の側に届いていない現実も明白になった（参考：下条美智彦『ヨーロッパの教育現場から　イギリス・フランス・ドイツの義務教育事情』春秋社、2003年、文部科学省『諸外国の教育改革の動向』2010年）。

アジア新興国の教育改革

一方、近年いちじるしい経済発展が注目されるアジア新興国は、第二次世界大戦後の離陸は立ち遅れていた。建国以来共産党の指導下にある中国は、文化大革命（1966～1976年）の混乱により、経済的にも社会的にもその発展

は停滞を余儀なくされた。義務教育制度の整備も立ち遅れ，初等教育の普及は都市部と内陸部での格差が大きい。1980年代に入り，経済発展を柱とする「現代化建設」の政策が推進された。改革・開放政策による市場経済への移行，対外開放等により高い経済成長率が目指された「科学技術人材」の要請と国民の資質向上を当面の課題とする教育改革が始まった。現在は子どもの創造性の育成に重点を置く「資質教育」の方針がとられている。2006年「義務教育法」が改正され，2008年9月より義務教育の無償化が完全実施された。

　韓国では1948年の建国以来長く中央集権的な独裁政権が続き，1980年代の民主化運動の高まりで教育改革の機運が生まれてきた。学校制度は6・3・3制であるが，1953年に初等教育が国民学校（1995年に初等学校に改称）になり，2002年に中学校も義務教育になり6歳から15歳までの9年の無償義務教育制度が成立する。日本統治時代の皇民化教育の歴史的教訓から，国史，国語の教科書は国定教科書であり，民族の誇りや韓国文化の教育が重視されてきた。1960年代には「漢江の奇跡」と呼ばれた高度経済成長を経て，1980年代半ばから教育人口の急速な膨張や科学技術の発展を背景に，高度な人材育成の必要性が教育改革を後押しした。

　一方，東南アジア諸国は第二次世界大戦後独立を果たした国が多く，政情も不安定で，内戦やクーデター等が繰り返されてきた。その結果国家体制の確立が遅れ，経済成長のためのインフラ整備も立ち遅れた。経済発展には資本や人材の蓄積，さらに技術開発の推進が不可欠であり，教育水準の向上は重要な条件である。しかし国内的には都市部と農村部，最貧困地帯を抱えて社会経済的な格差が大きく，国民の教育需要へのインセンティブにもかなりの落差がみられる。義務教育の就学状況をみると，小学校段階はともかく中学校段階ではいまだ50〜60%程度の途上国もある。

　このようにアジアの新興国や途上国は，公教育制度の整備は欧米と比較すればはるかに後発である。経済発展に必要な人材開発は，とりわけ経済発展のいちじるしい中国や韓国，シンガポールなどでは，国際競争力をつけるた

めにも教育改革が急がれ，教育への財政支援や投資を積極的に進めてきている。図9-1は主要国の義務教育年限をまとめた国際比較である。国際的には6～15歳の9年間を義務教育とするところが多い。

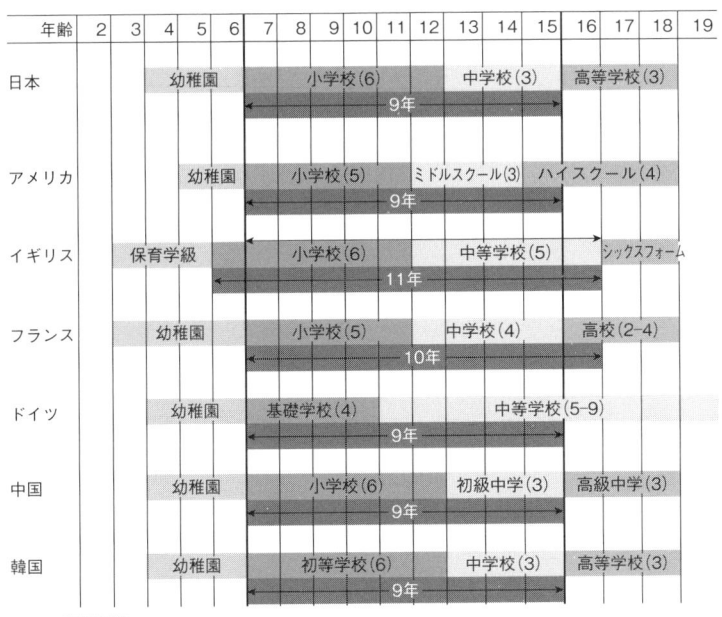

年齢	2	3	4	5	6	7	8	9	10	11	12	13	14	15	16	17	18	19
日本			幼稚園			小学校(6)						中学校(3)			高等学校(3)			
						←――――――9年――――――→												
アメリカ				幼稚園		小学校(5)					ミドルスクール(3)			ハイスクール(4)				
						←――――――9年――――――→												
イギリス			保育学級			小学校(6)						中等学校(5)			シックスフォーム			
				←―――――――――11年―――――――――→													
フランス			幼稚園			小学校(5)					中学校(4)				高校(2-4)			
						←―――――10年―――――→												
ドイツ			幼稚園			基礎学校(4)				中等学校(5-9)								
						←――――――9年――――――→												
中国			幼稚園			小学校(6)						初級中学(3)			高級中学(3)			
						←――――――9年――――――→												
韓国			幼稚園			初等学校(6)						中学校(3)			高等学校(3)			
						←――――――9年――――――→												

・ ←―――→ が義務教育の期間
・国によっては，地域で学校制度が異なるなどの場合があり，その場合は代表的なもののみ記した
資料）文部科学省調査

図9-1 義務教育年限［国際比較］

出所）中央教育審議会義務教育特別部会第2回配布資料（平成17年3月16日）

2 「教育の機会均等」と「学力向上」を求める改革——アメリカを例に

　多民族・多文化を抱えるアメリカの戦後教育改革は，世界の国々の教育改革に対しても大きな影響を与えてきた。アメリカは民主主義国家を標榜し，「平等主義」を理念として高く掲げてきた国である。多民族社会のアメリカ

157

がどのような教育を理想として，階層間，人種間の格差を克服するための教育改革に取り組んできたのか，「教育の機会均等」から「教育の質的向上」への改革動向を考察していく。

1950～60年代：人種差別解消・国民統合の教育改革

　人種隔離政策の撤廃を求める公民権運動は，キング牧師らによる1963年の「ワシントン大行進」により最高潮に達する。1964年7月2日に公民権法（Civil Rights Act）が制定され，法律上の人種差別は終わる。教育界ではこれに先立つ1954年に，公立学校における人種隔離を違憲としたブラウン判決が最高裁で出されていた。しかしその後も南部や中西部では，白人と黒人・有色人種の子どもの差別は残った。1957年にはアーカンソー州リトルロック・セントラル高校事件が起きた。9人の黒人学生の入学を白人至上主義者の州知事が拒否し，大統領命で派遣された陸軍部隊が学生を護衛し入学させるという事件であった。人種差別は，アメリカ民主主義の「教育の機会均等」の理念に対する挑戦でもあった。1960年代以降歴代の大統領は，国家政策として教育改革に取り組まざるを得なかった。

> **ブラウン判決**
> 　人種分離政策に基づく教育に対する抗議運動で，8歳のリンダ・ブラウンの通学校をめぐる訴訟に対し，1954年に出された公立学校における従来の「分離はすれども平等」の原則に対する最高裁の違憲判決。

　ケネディ大統領が凶弾に倒れた後，おもに貧困層の救済を目的にした社会福祉政策「偉大な社会（Great Society）」建設の構想を掲げたジョンソン大統領は先述の「公民権法」を成立させ，法律上の人種差別は終わる。ジョンソン大統領は黒人（有色人種）の社会的・経済的な地位向上のために「アファーマティブ・アクション」政策をとった。1964年から始まる「ヘッド・ス

> **アファーマティブ・アクション**
> 　大学の入学者や公共機関の雇用などで人種差別の積極的是正措置として，一定割合を黒人やマイノリティに優先的に確保させる施策。

タート・プログラム」は，大都会の低所得階層の恵まれない幼児に就学前の補償教育を実施するというもので，現在も行われている。よく知られた『セサミストリート』という幼児向け教育番組などがつくられ，登場人物や場面設定にも人種的な配慮がなされた良質の番組として世界的に評価された。1966年連邦教育局がいわゆる「コールマン報告」を発表し，アメリカの公立学校における差別の問題や黒人生徒の低学力傾向は，学年が上になるほど白人生徒と格差化していく調査データを明らかにし，家庭的背景や地域の経済的・文化的格差の影響が大きいことを結論づけた。

　1970年代には校区を越える人種統合バス通学（Busing）が強制され，社会的な議論を巻き起こした。これは白人居住区の学校にマイノリティの子どもを通学させ，黒人居住区にはその逆を行わせるものであった。白人中産階級の中には黒人の多い学校への通学を避けたり，法律が及ばない私立学校にあえて転校したり（注：ホワイトフライトという）する現象なども起きた。そこで，マイノリティの多い居住地区に予算措置を厚くした特色のある教育プログラムをもった学校（マグネットスクール）を設置した。このように連邦政府は人種的，階層的な差別の解消に向けて，戦略的にさまざまな教育政策やプログラムを推進し，国民統合を図ろうとした。しかし，制度的に教育機会を拡大し，教育へのアクセスの平等化をはかる試みは，いずれも十分な成果を上げずに終わった。

1970年代：人間的な教育を目指す改革

　公教育改革は，60年代に教育内容や教育方法などの面においても，さまざまに取り組まれた。教育内容や教授法，教育組織面の革新，無学年制，多

学年制，ティーム・ティーチング，個別化と多様化に対応する柔軟な時間割編成などの実験や工夫が試みられた。さらに公立学校の画一的な教育を打破する目的から，70年代にさまざまなタイプのオルタナティブ・スクール（注：オルタナティブとは「代替的」，「選択可」の意味。フリースクールやオープンスクールなども含まれる。）がつくられる。学校教育により人間らしさを求める主張は，1970年のシルバーマン（Silberman, C.E.）の著書『教室の危機（*Crisis in the Classroom*)』（山本正訳，サイマル出版会，1973年）の大きな反響からもわかる。「教育の人間化」の主張は，生徒の将来生活に関連づけられたカリキュラムの改革を要請した。主要科目中心の知識詰め込み型の教育から，ゆるやかな校則で，教室の壁を取り外したオープンスクール形式で，なおかつ多様な選択科目を配置する，例えばカフェテリア形式の教育への転換である。必修科目の減少と，非アカデミックな選択科目（たとえば，「……料理」「独身生活の暮らし方」「自動車運転・整備」など）の増加で，口当たりの良いお楽しみ科目をとって卒業単位が充足できたので，後には「ショッピング・モール・ハイスクール」と批判された。生徒の多様化が凝縮して表れた大都市のダウンタウンの学校では暴力とドラッグが蔓延し，多くのハイスクールは「学級崩壊」に直面した。警察力を借りて学校秩序を維持し，教室は授業中ロックされ警備員が巡視する光景がめずらしくなくなる。教師の中にはストレスによるバーンアウト（燃え尽き症候群）を発症する者も多く，深刻な社会問題となった。

　コールマン報告でも指摘された，公教育が階層間格差を拡大するという問題点は，現実的に人種的な要素が強い。すなわち白人中産階級の出身者に有利に働く学校教育は，有色のマイノリティを学校内部で選別，排除する結果をもたらした。ハイスクールはまさにその現実を，トラッキング・システムという能力別クラス編成に顕在させていた。学力上位のトラックには白人中産階級家庭の生徒が集まり，学力下位のトラックは結果的に黒人やマイノリティ家庭の出身生徒で編成されることになった。人種間格差が教育格差にそのまま反映する，アメリカ社会の縮図が学校内部で再生産されていた。

第 9 章　世界，アジア，日本の教育改革

　「教育の人間化」改革は結果的に，カレッジ入学者の進学適性テスト（SAT）の平均点を低下させ，国際学力テストの成績もふるわない。学力低下を憂慮する世論を巻き込み，学校教育に対して「基礎に帰れ」（Back to Basics）の運動が起きた。

1980 年代：教育の卓越性を求める改革

　アメリカの学校教育の問題点と危機的状況を鋭く突いた報告が，1983 年『危機に立つ国家』（*A Nation At Risk*）（橋爪貞雄訳，黎明書房，1984 年）として発表された。レーガン大統領は教育の危機は建国以来の国家の危機であると考え，ベル教育省長官のもとで「教育の優秀性に関する全米審議会」を設置した。その答申であり，結論に「米国の教育は凡庸に流されてきた。その潮流を止め『卓越』（excellence）を目指し，絶えず国際競争が加速し危険が増大しているグローバル社会において，学習社会を創り出すことを教育改革の焦点とするべきである」と指摘し，具体的な指標を提示して米国民に警鐘を鳴らした。今日に至る教育改革の「学力向上」と「教育の質的保障」という課題に取り組む端緒である。以後アメリカの教育改革は，人種統合よりも実質的に学力の向上を重視する政策に転換する。たとえばマグネットスクールの創設は，当初人種統合のための教育政策であったが，80 年代以降は「ギフテッド」「タレンテッド」と呼ばれるアカデミックな学力や特定分野の才能教育に力点を置くエリート学校に変容していく。

1990〜2000 年代：教育の国家目標と「教育の質的向上」の国家戦略

　レーガン大統領の後任の第 41 代ブッシュ大統領（George Bush）は教育大統領を標榜した。「2000 年のアメリカ―教育戦略」（1991）と題する教育改革案では，西暦 2000 年までに達成すべき国家的な教育目標を次のように示した。すべての子どもは就学までに準備を整えさせる（headstart），ハイスクールの卒業率を 90%以上，数学・理科の学力は世界一，学校は麻薬，暴力，銃やアルコールを排除し，学習の助けとなる規律の取れた環境を提供するな

ど，具体的な数値を入れた6つの目標を掲げた。次なるクリントン大統領（民主党）は，この路線を継承しながら1994年に「目標2000アメリカ教育法」を制定し，さらに2期目に「21世紀のアメリカの教育のための実施要求」を発表し，第4学年のreading能力と第8学年の数学の学力に国家基準（スタンダード）を設け統一テストを実施した。学校，校区，州に対して公教育としての結果の説明責任（アカウンタビリティ）を要求し，学校の規律回復と安全確保のための「ゼロトレランス（0-Tolerance）」政策を国民に呼びかけた。歴史的に地方分権型の行政システムを特色としてきたアメリカで，このように教育目標を国家的に設定し，各州の教育権を統制化する方向は新たな動きといえよう。

　父子2代で大統領を務めた息子のジョージ・W・ブッシュ大統領は，2002年にNCLB法（いわゆる「落ちこぼれ防止法」）を成立させて，読解力向上プログラムや学力テストにより州が設定する学力水準の達成を求めた。目標達成が困難な学校は，2〜5年間の段階的な改善計画を策定して是正措置をし，生徒には他の公立学校やチャータースクールなどに転校する機会を与え，保護者に学校選択権を認めた。さらに教職員の入れ替えや学校をチャータースクールに切り替えるような厳しい措置もある。しかしこうした強圧的ともいえる性急な改革構想は，標準テストのスコア重視に偏り，校区，学校や教員個人まで信賞必罰的な自己責任を要求した。その結果，各州は州基準の設定を低く抑え，教員は教室の授業よりもテスト準備を重視するようになった。あたかも教員が製造工場の流れ作業で「生徒を個性のある人間としてではなく，ロボットのような代替部品」（D. Marshak, 11/2003, *Phi Delta Kappan*）として扱うような公教育の選別システムは，白人中産階級や一部のエリート教員には歓迎されても，当然多くの保護者や教育現場には困惑と反発が強まった。

> **チャータースクール**
> 　公設民営による学区から相対的に独立し，自律的な学校経営が認められた選択制の公立学校。チャーターとは，学校設置許可状を意味している。

第9章 世界,アジア,日本の教育改革

　「チェンジ (change)」をスローガンに,圧倒的な支持を得てアメリカ初の黒人大統領となったバラク・オバマ大統領(民主党)は,NCLB法を修正した初等中等教育政策に関する改革指針(A Blueprint for Education, 2010. 3)を出した。標準テストの実施,学力や教員の実力(effectiveness)評価,学校選択とチャータースクールの支援を柱にしながら,「平等と機会均等」の原則を重視した教育の到達度格差に対する説明責任体制を厳しく求めた。一方,ブッシュ前政権の教育改革のマイナス面を意識して,マイノリティ,貧困家庭,障害などの多様なニーズをもつ生徒や家庭への支援を厚くする。さらに「頂点を目指す競争(race to the top)」を促す改革を,州から校区,指導者にも拡大させて,優秀教員には報償を提供し,指導力不足教員には研修の場と機会を与えるというように弾力化をはかった(参考:拙稿「米国における教育政策の国家戦略化とオバマ政権の初等中等教育政策」『芝浦工業大学研究報告』人文系編45-1, 2011年)。

　このようにアメリカの公教育改革は,いまだ教育の国家目標の達成には道半ばというようである。現在アメリカは景気低迷と国家財政の危機的状況にあり,オバマ政権への支持も低下傾向である。いうまでもなくこうした教育改革には膨大な教育予算を必要としており,改革実行の成否はアメリカ経済の回復という社会・経済的な要因も影響してくる。

3 教育改革の主導原理と学力向上策

　アメリカと同様にヨーロッパ主要国や日本は,1980年代以降,基礎学力の低下を招き,いずれの国でも教育政策の重点を初等中等教育の充実に置いてきた。とくにイギリスやアメリカは教育改革を通して,国家経済の再生につながる優秀な人材の育成を図るために,「教育の質的向上」が至上命題になった。

「小さな政府」を目指す教育改革―市場原理主義の改革

　アメリカのレーガン大統領,イギリスのサッチャー首相,そして日本の中

曽根総理大臣に共通したのは「小さな政府（limited government）」を目標にしたことである。「小さな政府」とは伝統的な自由主義思想に立脚して，政府や行政の権限を縮小して政府関与を少なくし，その代わりにできるだけ民間の財やサービスを活用する政策である。アメリカの経済学者フリードマンらの理論を踏まえて，歳出削減と規制緩和などを通して，市場への政府の介入をできるだけ控えて市場のメカニズムにゆだね，効率よく良質の資源配分を図るというものである。こうして主要国の教育改革には，市場原理主義的に教育の成果主義が導入された。

　イギリスではサッチャー政権の「教育改革法」（1988年）により，学力向上のための「ナショナル・カリキュラム」と「ナショナル・アセスメント」が実施された。前者はイギリスの教育においてはじめて全国統一の教育基準を設定し，学習目標と到達目標を明確にしている。また後者は，義務教育期間の7歳，11歳，14歳，16歳の時点で「全国一斉学力テスト」を実施し，テストの結果を「初等学校別成績一覧」「中等学校別成績一覧」として公表するものである（通称「全国版リーグ・テーブル」）。いうならば学校の「番付表」であり，学校現場からは，教育の結果にサッカーリーグの順位表と同様に「順位番付」をつけ，過度に「競争意識」をあおるという，強い反発が出た（参考：太田直子『現代イギリス「品質保証国家」の教育改革』世織書房，2010年，阿部菜穂子『イギリス「教育改革」の教訓』岩波ブックレット No. 698，2007年）。

　アメリカでは，すでにくわしくみてきたように「危機に立つ国家」以後，教育現場を活性化するためにとられた方法は，新自由主義的な市場原理を教育に導入する試みであった。初等・中等教育段階での公立学校への通学が校区（school district）当局の学校指定をやめて，保護者にわが子の学校の選択権を与え，学校間，教員間を競争させた。競争により，学力向上や教育の質的向上，信賞必罰主義による教師の実力向上などの改善を意図した。

　こうした教育改革を通して，学校選択に要する学費を補助するために各家庭に配布するバウチャー制度（注：バウチャーは「引換券」の意味），公立民営化のチャータースクール制度，教育の質保証を求めるアカウンタビリティ

(説明責任) 制度などの施策が生み出された。その一方では，こうした市場原理主義的な施策は，全米統一テストのスコアによって学校や校区の優劣を明示化し，報償と制裁という厳しい手段がとられることにもなった。また「選択の自由」と引き換えに保護者や個人に対しても過酷な「自己責任」を負わせる結果になった。優勝劣敗の格差化の現実を生み，教育の場にはなじまないという批判も多い。こうした学力向上策は，フランス，ドイツなど各国でも何らかの工夫を加えて取り入れられていった（参考：リチャード・エルモア著，神山正弘訳『現代アメリカの教育改革』同時代社，2006年，フレデリック・M・ヘス，チェスター・E・フィン Jr. 著，後洋一訳『格差社会アメリカの教育改革』明石書店，2007年，松尾知明『アメリカの現代教育改革』東信堂，2010年）。

PISA と上位国

このように先進国は「学力向上」政策を教育改革の大きな柱に据えてきた。これにはとりわけ OECD の PISA ショックがある。国際的な学力テストの順位結果は国内の教育論議をヒートアップさせ，日本でも「ゆとり教育」をめぐり大きく揺れた。そうした中で，先進国の凋落に代わりフィンランドやアジアの新興国が上位に並んでいるのが注目される。

新興国に共通する特徴は，国内的には地域格差，経済格差の問題を抱えながらも，教育による国民の資質向上策を経済発展の国家投資とみていることである。人材の早期選抜と能力主義の徹底による国際水準の学力育成が国家戦略的に進められている。そのために小学校段階から激しい受験競争が展開され，たとえば中国では受験名門校（「重点学校」「モデル校」）への入学競争が熾烈化し，また学歴社会が形成された韓国では学校外の学習塾に夜半まで留まり，高額の学習塾費の出費という過熱した社会状況が深刻化している。

シンガポールは，「人材開発」こそ国家の最大の資源であると考え，学校教育に最大の力を注いできた。PISA においてシンガポールは，近年つねに上位にあり，世界的に教育水準の高い国のひとつと注目されている。建国以来，経済発展と教育投資を両輪のように噛み合わせてきたが，義務教育制度

の導入は遅く，2003年1月から6年制の初等教育が開始されたばかりである。しかし教育システムは徹底した能力主義に基づく選別が行われ，基礎段階（4年生）の終了時に次のオリエンテーション段階（5～6年生）への振り分けテストが実施される。その後初等学校卒業試験（PSLE），中等学校（4～5年間）卒業時，大学準備教育（ジュニアカレッジ2年間）卒業時等にそのつど認定試験を受け，その成績によって進路が決定される。大学教育に至るまでにテストによる能力選抜が繰り返され，徹底的にエリート教育が行われるところに特徴がある（参考：杉本均「シンガポールの教育改革」大桃敏行・上杉孝實他編『教育改革の国際比較』ミネルヴァ書房，2007年）。

フィンランドの教育改革

　一方，ヨーロッパ諸国の中で北欧福祉国家のフィンランドもまた PISA ではつねに上位をしめている。2000年調査では読解力1位，数学的リテラシー4位，科学的リテラシー3位となり，さらに2003年調査において読解力と科学的リテラシーで1位，数学的リテラシー3位というように好成績をおさめている。

　フィンランドの学校体系をみると選別的な分岐型から，1972年より単線型の6・3制の「総合制学校」に変えられた。教育指導においても，能力別を廃し非選別型の少人数編成を徹底させ，学級規模を縮小している。きめ細かい指導の実態は，理解が不十分な子に対して別室での授業や早朝の補習などが用意されていることからもうかがわれる。さらに基礎学校9年間（義務教育）終了後には，生徒によっては，任意でもう1年在学して学習プログラムを選択することも可能である。もうひとつの特徴は，教師の質の高さであり，1978年以降は教師に対して基本学位として「修士号」が求められている。教育内容の面からは，1990年代に入り行政改革の動きの中で教科書検定制度の廃止（1992年），カリキュラムの大綱化（1994年）など教育の規制緩和が進められた。国による規制から地方自治体や教育現場に権限の委譲が行われ，教育の弾力化がはかられたことにより，学校や地方自治体の方針や実

情に応じたカリキュラム編成が可能になった。教科目の枠を超えて，たとえば国際理解教育，消費者教育，家族教育などのカリキュラム横断的な多様なテーマの学習が，時間設定や取り扱いを自由にして教育現場にまかされた。このようにフィンランドの教育改革は，教育上の選別・格差を少なくして「教育の機会均等」を目指し，学力においても「結果の平等」を示してきたところに，欧米やアジア新興国にみられた新自由主義的な「市場原理」と「競争原理」に主導された教育改革との違いがきわだっている（参考：庄井良信・中嶋博編著『フィンランドに学ぶ教育と学力』明石書店，2005年）。

4 世界の教育改革と日本

　世界の教育改革の流れの中で，あらためて日本の教育改革の歩みをたどり，教育改革に要請される課題について考えたい。

第三の教育改革

　1872（明治5）年の「学制」発布による近代公教育制度の改革，1947年の「教育基本法」「学校教育法」の公布による戦後の民主的教育改革。これらを第一，第二の教育改革と位置づけて，1984〜87年の臨時教育審議会は「第三の教育改革」への構想を答申した。目指す基本的な課題は，急激に変化する時代に対応した国民教育の新たな形成であり，「個性重視の原則」と「生涯学習システムの形成」の2つが提言された。その背景には，知識集約型の産業化，国際化，情報化が進む一方，核家族化，少子高齢化は家庭の教育力を減退させた。また受験競争の激化は知識詰め込み型の教育を強化させ，さらに低年齢化の傾向が進行したことがある。21世紀に入り「基礎学力の低下」，教育病理や幼児虐待などがさらに深刻化している。1990年代に取り組まれた「生きる力」と「ゆとり」の教育改革はPISAショックを受け，2002年の「学びのすすめ」（文部大臣アピール）により「確かな学力」向上へと転換した。

21世紀の教育改革構想と教育基本法の改正

臨教審以降，2000年3月に発足の「教育改革国民会議」が12月に「教育を変える17の提案」を報告し，それを受けて文部科学省は「21世紀教育新生プラン」(2001年1月)を策定した。一連の改革構想の中で最も重要なのは，戦後初めて「教育基本法」の見直しを本格的に提案したことである。日本の教育の根幹をなす「教育基本法」は，「戦後レジーム(体制)からの脱却」を掲げた安倍晋三政権のもとで短期間に改正された(2006年12月)。改正の重要点は，教育の目標に「公共の精神」や「伝統と文化の尊重」が新たに盛り込まれた。「国を愛する心」「公共」の文言の強調からも，「個」の尊重から「公」の重視へという理念の根本的な変更であり，新保守主義の影響がみられる。また男女共学の規定(旧5条)も削除された。一方，「大学」や「私立学校」「家庭教育」「学校，家庭，社会の連携」など新たに7条文が加わった。「改正教育基本法」のもとで「教育再生会議」が内閣府に設置され，2007年に「社会総がかりで教育再生を」(第1次報告)，「『教育新時代』のための基盤の再構築」(第2次報告)が報告された。すなわち，学習の「基礎・基本の徹底」並びに「学力向上」のための施策，「学習指導要領の改訂」，「学校の責任体制の確立」，「教員免許更新制」の導入，「教育委員会制度」の抜本改革，高等教育の質保証と世界トップレベルの水準への改革などが提言されている。これらはその後具体的に公教育改革として，近年さまざまに取り組まれている。

世界と日本の教育改革

こうした日本の一連の教育改革の政策動向は，欧米先進国で取り組まれてきた教育改革の原理や改革方法・手段と相当程度に通底している。教育の規制緩和，効率性と質的向上の重視，財政支出の縮小などを目指した教育改革の動因には，教育の自由を最大限に是認する自由市場化への志向性がある。「学区制の広域化・撤廃」「学校選択制」「学校運営の民営化」「全国学力テストの実施と順位評価」「学校評議員制度」「教育のアカウンタビリティの要

求」等の施策をめぐっては，教育の個性化，特色ある学校づくりのもとで学校間，教員間を競わせ評価を下し成果主義を求める新自由主義的な教育観がうかがえる。すでにアメリカの教育改革でみたように，新自由主義的な教育改革は教育に市場原理を働かせることにより，「教育のスタンダード」設定と「学力テストの成績評価」を通して児童・生徒，保護者，教員，学校，学区・教育委員会などのそれぞれの個人・セクターに選択の自由と競争を促し，自己決定と引き換えの自己責任を求めて教育における公的関与を縮小化するねらいがある（もちろん教育財政の圧縮，スリム化による「小さな政府」への志向がある）。

　現代のグローバル化した知識基盤社会において真に活躍できる人材の育成は急務であり，高度産業社会の発展には不可欠である。教育の制度改革はこうした社会的な要請でもある。そうした観点から学習意欲の向上や基礎学力の充実に向けた教育の質的向上，「学力向上」策が，わが国でも制度改革をともなって実施されてきたのである。しかしながら諸改革にはその弊害や問題も顕在化しているのも確かである。そうした改革の適切性や有効性の検証評価は，今後さらに改革を実効あるものにさせる必要条件ともいえる。もちろん「教育の機会均等」の教育理念を，一層内実のともなった「結果の平等」に高めるうえでも重要となる。その意味でも教育改革が国民に開かれた中で推進され，改革のプロセスと検証評価に透明性が確保されていくことが重要である。

考えてみよう

- イギリスまたはアメリカのいずれか１か国を選び，日本の教育改革と目的（ねらい）や方法・プロセスなどの特徴を比較考察してみよう。
- 現代の「教育の質的向上」「学力向上」などの教育改革を推進している主要な考え・原理について，具体的な施策を通して考察してみよう。

PISA と TIMSS

　PISA は経済協力開発機構（OECD）が各国の 15 歳（日本は高校 1 年生）を対象に実施する「学習到達度調査」で，正式名称は Programme for International Student Assessment といい，その頭文字から PISA（ピザ）と呼ばれる。調査は 2000 年に第 1 回が始まり，3 年ごとに実施され最近では 2009 年の結果が発表されている。TIMSS は国際教育到達度評価学会（IEA）が実施する「国際数学・理科教育動向調査」(Trends in International Mathematics and Science Study) で，小中学生（第 4 学年，第 8 学年）を対象に 4 年ごとに実施されている。算数・数学と理科の学習到達度を国際的な基準で測定し，学習指導法などの改善に生かそうとするのが主眼で，いうならば児童・生徒の学力調査である。一方，PISA の調査方法は，自宅学習者を除いて学校で実施され，「読解力」「数学的リテラシー」「科学的リテラシー」の 3 分野を調査する。毎回重点分野が順番に移っていき，2009 年度は「読解力」であった。調査の観点は，「自分の目標を達成し」「社会に参加するために」，実生活でどれだけ応用可能な知識や技能などの能力が身についているかを 3 分野にわたり調べるものであり，知識量や理論の習得などの学力をみるものではない。2000 年の第 1 回は OECD 加盟国を含む 32 か国，約 26 万 5,000 人の生徒が参加した。調査データファイルはすべて OECD の PISA 公式サイト（http://www.pisa.oecd.org/）で公開されている。OECD 加盟国以外には，地域単位での参加が認められているため，2009 年の第 4 回調査では中国ではなく上海市が参加し，全分野で 1 位となり注目された。これまでの各分野の主な国の国際順位の推移を示すと次表のとおりである。　【穂坂明徳】

PISA 調査の成績上位国

分野	順位	2000 年	2003 年	2006 年	2009 年
読解力	1	フィンランド	フィンランド	韓国	上海
	2	カナダ	韓国	フィンランド	韓国
	3	ニュージーランド	カナダ	香港	フィンランド
		7 英，8 日本	14 日本	15 日本	5 シンガポール
		14 仏，15 米			8 日本
数学的 LC	1	日本	香港	台湾	上海
	2	韓国	フィンランド	フィンランド	シンガポール
	3	ニュージーランド	韓国	香港	香港
		8 英，10 仏	6 日本	4 韓国，10 日本	4 韓国，7 フィンランド，9 日本
科学的 LC	1	韓国	フィンランド	フィンランド	上海
	2	日本	日本	香港	フィンランド
	3	フィンランド	香港	カナダ	香港
		12 仏，14 米	4 韓国，13 仏	6 日本，11 韓国，13 独	5 日本，6 韓国，13 独

資 料

学事奨励に関する被仰出書
教育ニ関スル勅語
教育基本法
(旧) 教育基本法
保育所保育指針 (抄)
幼稚園教育要領 (抄)
小学校学習指導要領 (抄)
中学校学習指導要領 (抄)
中央教育審議会答申一覧

付表1　学校・施設数
付表2　在学者・在籍者数
付表3　教員数
付表4　進学率／就職率
付表5　出生，死亡，婚姻及び離婚数・率及び合計特殊出生率

▶ 1872年

学事奨励に関する被仰出書

太政官布告第二百十四號
（明治五年八月二日）

人々自ら其身を立て其産を治め其業を昌にして以て其生を遂るゆゑんのものは他なし身を脩め智を開き才芸を長ずるによるなり而て其身を脩め知を開き才芸を長ずるは学にあらざれば能はず是れ学校の設あるゆゑんにして日用常行言語書算を初め士官農商百工技芸及び法律政治天文医療等に至る迄凡人の営むところの事学あらさるはなし人能く其才のあるところに応じ勉励して之に従事ししかして後初て生を治め産を興し業を昌にするを得べしされば学問は身を立るの財本ともいふべきものにして人たるもの誰か学ばずして可ならんや夫の道路に迷ひ飢餓に陥り家を破り身を喪の徒の如きは畢竟不学よりしてかゝる過ちを生するなり従来学校の設ありてより年を経ること久しといへども或は其道を得ざるよりして人其方向を誤り学問は士人以上の事とし農工商及婦女子に至つては之を度外におき学問の何物たるを弁ぜず又士人以上の稀に学ぶものも動もすれば国家の為にすと唱へ身を立るの基たるを知ずして或は詞章記誦の末に趨り空理虚談の途に陥り其論高尚に似たりといへども之を身に行ひ事に施すこと能ざるもの少からず是すなはち沿襲の習弊にして文明普からず才芸長ぜずして貧乏破産喪家の徒多きゆゑんなり是故に人たるものは学ばずんばあるべからず之を学ぶに宜しく其旨を誤るべからず之に依て今般文部省に於て学制を定め追々教則をも改正し布告に及ぶべきにつき自今以後一般の人民華士族農工商及婦女子必ず邑に不学の戸なく家に不学の人なからしめん事を期す人の父兄たるもの宜しく此意を体認し其愛育の情を厚くし其子弟をして必ず学に従事せしめざるべからざるものなり高上の学に至ては其人の材能に任かすといへども幼童の子弟は男女の別なく小学に従事せしめざるものは其父兄の越度たるべき事

但従来沿襲の弊学問は士人以上の事とし国家の為にすと唱ふるを以て学費及其衣食の用に至る迄多く官に依頼し之を給するに非ざれば学ざる事と思ひ一生を自棄するもの少からず是皆惑へるの甚しきものなり自今以後此等の弊を改め一般の人民他事を拋ち自ら奮て必ず学に従事せしむべき様心得べき事

右之通被　仰出候条地方官ニ於テ辺隅小民ニ至ル迄不洩様便宜解釈ヲ加ヘ精細申論文部省規則ニ随ヒ学問普及致候様方法ヲ設可施行事

明治五年壬申七月　　　　　　　　太政官

▶ 1890年

教育ニ関スル勅語

朕惟フニ我カ皇祖皇宗國ヲ肇ムルコト宏遠ニ徳ヲ樹ツルコト深厚ナリ我カ臣民克ク忠ニ克ク孝ニ億兆心ヲ一ニシテ世世厥ノ美ヲ濟セルハ此レ我カ國體ノ精華ニシテ教育ノ淵源亦實ニ此ニ存ス爾臣民父母ニ孝ニ兄弟ニ友ニ夫婦相和シ朋友相信シ恭儉己レヲ持シ博愛衆ニ及ホシ學ヲ修メ業ヲ習ヒ以テ智能ヲ啓發シ徳器ヲ成就シ進テ公益ヲ廣メ世務ヲ開キ常ニ國憲ヲ重シ國法ニ遵ヒ一旦緩急アレハ義勇公ニ奉シ以テ天壤無窮ノ皇運ヲ扶翼スヘシ是ノ如キハ獨リ朕カ忠良ノ臣民タルノミナラス以テ爾祖先ノ遺風ヲ顯彰スルニ足ラン

斯ノ道ハ實ニ我カ皇祖皇宗ノ遺訓ニシテ子孫臣民ノ俱ニ遵守スヘキ所之ヲ古今ニ通シテ謬ラス之ヲ中外ニ施シテ悖ラス朕爾臣民ト俱ニ拳々服膺シテ咸其徳ヲ一ニセンコトヲ庶幾フ

明治二十三年十月三十日

御名御璽

▶ 2006年

教育基本法

平成十八年十二月二十二日法律第百二十号

教育基本法（昭和二十二年法律第二十五号）の全部を改正する。

目次
　前文
　第一章　教育の目的及び理念（第一条―第四条）
　第二章　教育の実施に関する基本（第五条―第十五条）
　第三章　教育行政（第十六条・第十七条）
　第四章　法令の制定（第十八条）
　附則

　我々日本国民は，たゆまぬ努力によって築いてきた民主的で文化的な国家を更に発展させるとともに，世界の平和と人類の福祉の向上に貢献することを願うものである。
　我々は，この理想を実現するため，個人の尊厳を重んじ，真理と正義を希求し，公共の精神を尊び，豊かな人間性と創造性を備えた人間の育成を期するとともに，伝統を継承し，新しい文化の創造を目指す教育を推進する。
　ここに，我々は，日本国憲法の精神にのっとり，我が国の未来を切り拓く教育の基本を確立し，その振興を図るため，この法律を制定する。

第一章　教育の目的及び理念

（教育の目的）
第一条　教育は，人格の完成を目指し，平和で民主的な国家及び社会の形成者として必要な資質を備えた心身ともに健康な国民の育成を期して行われなければならない。
（教育の目標）
第二条　教育は，その目的を実現するため，学問の自由を尊重しつつ，次に掲げる目標を達成するよう行われるものとする。
　一　幅広い知識と教養を身に付け，真理を求める態度を養い，豊かな情操と道徳心を培うとともに，健やかな身体を養うこと。
　二　個人の価値を尊重して，その能力を伸ばし，創造性を培い，自主及び自律の精神を養うとともに，職業及び生活との関連を重視し，勤労を重んずる態度を養うこと。
　三　正義と責任，男女の平等，自他の敬愛と協力を重んずるとともに，公共の精神に基づき，主体的に社会の形成に参画し，その発展に寄与する態度を養うこと。
　四　生命を尊び，自然を大切にし，環境の保全に寄与する態度を養うこと。
　五　伝統と文化を尊重し，それらをはぐくんできた我が国と郷土を愛するとともに，他国を尊重し，国際社会の平和と発展に寄与する態度を養うこと。
（生涯学習の理念）
第三条　国民一人一人が，自己の人格を磨き，豊かな人生を送ることができるよう，その生涯にわたって，あらゆる機会に，あらゆる場所において学習することができ，その成果を適切に生かすことのできる社会の実現が図られなければならない。
（教育の機会均等）
第四条　すべて国民は，ひとしく，その能力に応じた教育を受ける機会を与えられなければならず，人種，信条，性別，社会的身分，経済的地位又は門地によって，教育上差別されない。
2　国及び地方公共団体は，障害のある者が，その障害の状態に応じ，十分な教育を受けられるよう，教育上必要な支援を講じなければならない。
3　国及び地方公共団体は，能力があるにもかかわらず，経済的理由によって修学が困難な者に対して，奨学の措置を講じなければならない。

第二章　教育の実施に関する基本

（義務教育）
第五条　国民は，その保護する子に，別に法律で定めるところにより，普通教育を受けさせる義務を負う。
2　義務教育として行われる普通教育は，各個人の有する能力を伸ばしつつ社会において自立的に生きる基礎を培い，また，国家及び社会の形成者として必要とされる基本的な資質を養うことを目的として行われるものとする。
3　国及び地方公共団体は，義務教育の機会を保障

し，その水準を確保するため，適切な役割分担及び相互の協力の下，その実施に責任を負う。
4　国又は地方公共団体の設置する学校における義務教育については，授業料を徴収しない。
（学校教育）
第六条　法律に定める学校は，公の性質を有するものであって，国，地方公共団体及び法律に定める法人のみが，これを設置することができる。
2　前項の学校においては，教育の目標が達成されるよう，教育を受ける者の心身の発達に応じて，体系的な教育が組織的に行われなければならない。この場合において，教育を受ける者が，学校生活を営む上で必要な規律を重んずるとともに，自ら進んで学習に取り組む意欲を高めることを重視して行われなければならない。
（大学）
第七条　大学は，学術の中心として，高い教養と専門的能力を培うとともに，深く真理を探究して新たな知見を創造し，これらの成果を広く社会に提供することにより，社会の発展に寄与するものとする。
2　大学については，自主性，自律性その他の大学における教育及び研究の特性が尊重されなければならない。
（私立学校）
第八条　私立学校の有する公の性質及び学校教育において果たす重要な役割にかんがみ，国及び地方公共団体は，その自主性を尊重しつつ，助成その他の適当な方法によって私立学校教育の振興に努めなければならない。
（教員）
第九条　法律に定める学校の教員は，自己の崇高な使命を深く自覚し，絶えず研究と修養に励み，その職責の遂行に努めなければならない。
2　前項の教員については，その使命と職責の重要性にかんがみ，その身分は尊重され，待遇の適正が期せられるとともに，養成と研修の充実が図られなければならない。
（家庭教育）
第十条　父母その他の保護者は，子の教育について第一義的責任を有するものであって，生活のために必要な習慣を身に付けさせるとともに，自立心を育成し，心身の調和のとれた発達を図るよう努めるものとする。

2　国及び地方公共団体は，家庭教育の自主性を尊重しつつ，保護者に対する学習の機会及び情報の提供その他の家庭教育を支援するために必要な施策を講ずるよう努めなければならない。
（幼児期の教育）
第十一条　幼児期の教育は，生涯にわたる人格形成の基礎を培う重要なものであることにかんがみ，国及び地方公共団体は，幼児の健やかな成長に資する良好な環境の整備その他適当な方法によって，その振興に努めなければならない。
（社会教育）
第十二条　個人の要望や社会の要請にこたえ，社会において行われる教育は，国及び地方公共団体によって奨励されなければならない。
2　国及び地方公共団体は，図書館，博物館，公民館その他の社会教育施設の設置，学校の施設の利用，学習の機会及び情報の提供その他の適当な方法によって社会教育の振興に努めなければならない。
（学校，家庭及び地域住民等の相互の連携協力）
第十三条　学校，家庭及び地域住民その他の関係者は，教育におけるそれぞれの役割と責任を自覚するとともに，相互の連携及び協力に努めるものとする。
（政治教育）
第十四条　良識ある公民として必要な政治的教養は，教育上尊重されなければならない。
2　法律に定める学校は，特定の政党を支持し，又はこれに反対するための政治教育その他政治的活動をしてはならない。
（宗教教育）
第十五条　宗教に関する寛容の態度，宗教に関する一般的な教養及び宗教の社会生活における地位は，教育上尊重されなければならない。
2　国及び地方公共団体が設置する学校は，特定の宗教のための宗教教育その他宗教的活動をしてはならない。

第3章　教育行政

（教育行政）
第十六条　教育は，不当な支配に服することなく，この法律及び他の法律の定めるところにより行われるべきものであり，教育行政は，国と地方公共団体との適切な役割分担及び相互の協力の下，

公正かつ適正に行われなければならない。
2　国は，全国的な教育の機会均等と教育水準の維持向上を図るため，教育に関する施策を総合的に策定し，実施しなければならない。
3　地方公共団体は，その地域における教育の振興を図るため，その実情に応じた教育に関する施策を策定し，実施しなければならない。
4　国及び地方公共団体は，教育が円滑かつ継続的に実施されるよう，必要な財政上の措置を講じなければならない。

（教育振興基本計画）
第十七条　政府は，教育の振興に関する施策の総合的かつ計画的な推進を図るため，教育の振興に関する施策についての基本的な方針及び講ずべき施策その他必要な事項について，基本的な計画を定め，これを国会に報告するとともに，公表しなければならない。
2　地方公共団体は，前項の計画を参酌し，その地域の実情に応じ，当該地方公共団体における教育の振興のための施策に関する基本的な計画を定めるよう努めなければならない。

第四章　法令の制定
第十八条　この法律に規定する諸条項を実施するため，必要な法令が制定されなければならない。

　附　則
（施行期日）
1　この法律は，公布の日から施行する。

2　次に掲げる法律の規定中「教育基本法（昭和二十二年法律第二十五号）」を「教育基本法（平成十八年法律第百二十号）」に改める。
　一　社会教育法（（昭和二十四年法律第二百七号）第一条
　二　産業教育振興法（昭和二十六年法律第二百二十八号）第一条
　三　理科教育振興法（昭和二十八年法律第百八十六号）第一条
　四　高等学校の定時制教育及び通信教育振興法（昭和二十八年法律第二百三十八号）第一条
　五　義務教育諸学校における教育の政治的中立の確保に関する臨時措置法（昭和二十九年法律第百五十七号）第一条
　六　国立大学法人法（平成十五年法律第百十二号）第三十七条第一項
　七　独立行政法人国立高等専門学校機構法（平成十五年法律第百十三号）第十六条
　（放送大学学園法及び構造改革特別区域法の一部改正）
3　次に掲げる法律の規定中「教育基本法（昭和二十二年法律第二十五号）第九条第二項」を「教育基本法（平成十八年法律第百二十号）第十五条第二項」に改める。
　一　放送大学学園法（平成十四年法律第百五十六号）第十八条
　二　構造改革特別区域法（（平成十四年法律第百八十九号）第二十条第十七項

▶ 1947年

(旧) 教育基本法

昭和二十二年三月三十一日　法律二十五号

　われらは，さきに，日本国憲法を確定し，民主的で文化的な国家を建設して，世界の平和と人類の福祉に貢献しようとする決意を示した。この理想の実現は，根本において教育の力にまつべきものである。
　われらは，個人の尊厳を重んじ，真理と平和を希求する人間の育成を期するとともに，普遍的にしてしかも個性ゆたかな文化の創造をめざす教育を普及徹底しなければならない。
　ここに，日本国憲法の精神に則り，教育の目的を明示して，新しい日本の教育の基本を確立するため，この法律を制定する。

第一条（教育の目的） 教育は，人格の完成をめざし，平和的な国家及び社会の形成者として，真理と正義を愛し，個人の価値をたつとび，勤労と責任を重んじ，自主的精神に充ちた心身ともに健康な国民の育成を期して行われなければならない。

第二条（教育の方針） 教育の目的は，あらゆる機会に，あらゆる場所において実現されなければならない。この目的を達成するためには，学問の自由を尊重し，実際生活に即し，自発的精神を養い，自他の敬愛と協力によって，文化の創造と発展に貢献するように努めなければならない。

第三条（教育の機会均等） すべて国民は，ひとしく，その能力に応ずる教育を受ける機会を与えられなければならないものであつて，人種，信条，性別，社会的身分，経済的地位又は門地によつて，教育上差別されない。
②国及び地方公共団体は，能力があるにもかかわらず，経済的理由によつて修学困難な者に対して，奨学の方法を講じなければならない。

第四条（義務教育） 国民は，その保護する子女に，九年の普通教育を受けさせる義務を負う。
②国又は地方公共団体の設置する学校における義務教育については，授業料は，これを徴収しない。

第五条（男女共学） 男女は，互に敬重し，協力し合わなければならないものであつて，教育上男女の共学は，認められなければならない。

第六条（学校教育） 法律に定める学校は，公の性質をもつものであつて，国又は地方公共団体の外，法律に定める法人のみが，これを設置することができる。
②法律に定める学校の教員は，全体の奉仕者であつて，自己の使命を自覚し，その職責の遂行に努めなければならない。このためには，教員の身分は，尊重され，その待遇の適正が，期せられなければならない。

第七条（社会教育） 家庭教育及び勤労の場所その他社会において行われる教育は，国及び地方公共団体によつて奨励されなければならない。
②国及び地方公共団体は，図書館，博物館，公民館等の施設の設置，学校の施設の利用その他適当な方法によつて教育の目的の実現に努めなければならない。

第八条（政治教育） 良識ある公民たるに必要な政治的教養は，教育上これを尊重しなければならない。
②法律に定める学校は，特定の政党を支持し，又はこれに反対するための政治教育その他政治的活動をしてはならない。

第九条（宗教教育） 宗教に関する寛容の態度及び宗教の社会生活における地位は，教育上これを尊重しなければならない。
②国及び地方公共団体が設置する学校は，特定の宗教のための宗教教育その他宗教的活動をしてはならない。

第十条（教育行政） 教育は，不当な支配に服することなく，国民全体に対し直接に責任を負つて行われるべきものである。
②教育行政は，この自覚のもとに，教育の目的を遂行するに必要な諸条件の整備確立を目標として行われなければならない。

第十一条（補則） この法律に掲げる諸条項を実施するために必要がある場合には，適当な法令が制定されなければならない。

　　附則
　この法律は，公布の日から，これを施行する。

▶ 2008年

保育所保育指針（抄）

（平成二十年三月二十八日）
（厚生労働省告示第百四十一号）

児童福祉施設最低基準（昭和二十三年厚生省令第六十三号）第三十五条の規定に基づき、保育所保育指針を次のように定め、平成二十一年四月一日から適用する。

目次
第一章　総則
第二章　子どもの発達
第三章　保育の内容
第四章　保育の計画及び評価
第五章　健康及び安全
第六章　保護者に対する支援
第七章　職員の資質向上

第一章　総則

1　趣旨

（一）　この指針は、児童福祉施設最低基準（昭和二十三年厚生省令第六十三号）第三十五条の規定に基づき、保育所における保育の内容に関する事項及びこれに関連する運営に関する事項を定めるものである。

（二）　各保育所は、この指針において規定される保育の内容に係る基本原則に関する事項等を踏まえ、各保育所の実情に応じて創意工夫を図り、保育所の機能及び質の向上に努めなければならない。

2　保育所の役割

（一）　保育所は、児童福祉法（昭和二十二年法律第百六十四号）第三十九条の規定に基づき、保育に欠ける子どもの保育を行い、その健全な心身の発達を図ることを目的とする児童福祉施設であり、入所する子どもの最善の利益を考慮し、その福祉を積極的に増進することに最もふさわしい生活の場でなければならない。

（二）　保育所は、その目的を達成するために、保育に関する専門性を有する職員が、家庭との緊密な連携の下に、子どもの状況や発達過程を踏まえ、保育所における環境を通して、養護及び教育を一体的に行うことを特性としている。

（三）　保育所は、入所する子どもを保育するとともに、家庭や地域の様々な社会資源との連携を図りながら、入所する子どもの保護者に対する支援及び地域の子育て家庭に対する支援等を行う役割を担うものである。

（四）　保育所における保育士は、児童福祉法第十八条の四の規定を踏まえ、保育所の役割及び機能が適切に発揮されるように、倫理観に裏付けられた専門的知識、技術及び判断をもって、子どもを保育するとともに、子どもの保護者に対する保育に関する指導を行うものである。

3　保育の原理

（一）　保育の目標

ア　保育所は、子どもが生涯にわたる人間形成にとって極めて重要な時期に、その生活時間の大半を過ごす場である。このため、保育所の保育は、子どもが現在を最も良く生き、望ましい未来をつくり出す力の基礎を培うために、次の目標を目指して行わなければならない。

（ア）　十分に養護の行き届いた環境の下に、くつろいだ雰囲気の中で子どもの様々な欲求を満たし、生命の保持及び情緒の安定を図ること。

（イ）　健康、安全など生活に必要な基本的な習慣や態度を養い、心身の健康の基礎を培うこと。

（ウ）　人との関わりの中で、人に対する愛情と信頼感、そして人権を大切にする心を育てるとともに、自主、自立及び協調の態度を養い、道徳性の芽生えを培うこと。

（エ）　生命、自然及び社会の事象についての興味や関心を育て、それらに対する豊かな心情や思考力の芽生えを培うこと。

（オ）　生活の中で、言葉への興味や関心を育て、話したり、聞いたり、相手の話を理解しようとするなど、言葉の豊かさを養うこと。

（カ）　様々な体験を通して、豊かな感性や表現力を育み、創造性の芽生えを培うこと。

イ　保育所は、入所する子どもの保護者に対し、その意向を受け止め、子どもと保護者の安定した関係に配慮し、保育所の特性や保育士等の専門性を生かして、その援助に当たらなければならない。

（二）　保育の方法

保育の目標を達成するために、保育士等は、次

の事項に留意して保育しなければならない。
　ア　一人一人の子どもの状況や家庭及び地域社会での生活の実態を把握するとともに，子どもが安心感と信頼感を持って活動できるよう，子どもの主体としての思いや願いを受け止めること。
　イ　子どもの生活リズムを大切にし，健康，安全で情緒の安定した生活ができる環境や，自己を十分に発揮できる環境を整えること。
　ウ　子どもの発達について理解し，一人一人の発達過程に応じて保育すること。その際，子どもの個人差に十分配慮すること。
　エ　子ども相互の関係作りや互いに尊重する心を大切にし，集団における活動を効果あるものにするよう援助すること。
　オ　子どもが自発的，意欲的に関われるような環境を構成し，子どもの主体的な活動や子ども相互の関わりを大切にすること。特に，乳幼児期にふさわしい体験が得られるように，生活や遊びを通して総合的に保育すること。
　カ　一人一人の保護者の状況やその意向を理解，受容し，それぞれの親子関係や家庭生活等に配慮しながら，様々な機会をとらえ，適切に援助すること。
　(三)　保育の環境
　保育の環境には，保育士等や子どもなどの人的環境，施設や遊具などの物的環境，更には自然や社会の事象などがある。保育所は，こうした人，物，場などの環境が相互に関連し合い，子どもの生活が豊かなものとなるよう，次の事項に留意しつつ，計画的に環境を構成し，工夫して保育しなければならない。
　ア　子ども自らが環境に関わり，自発的に活動し，様々な経験を積んでいくことができるよう配慮すること。
　イ　子どもの活動が豊かに展開されるよう，保育所の設備や環境を整え，保育所の保健的環境や安全の確保などに努めること。
　ウ　保育室は，温かな親しみとくつろぎの場となるとともに，生き生きと活動できる場となるように配慮すること。
　エ　子どもが人と関わる力を育てていくため，子ども自らが周囲の子どもや大人と関わっていくことができる環境を整えること。

4　保育所の社会的責任
(一)　保育所は，子どもの人権に十分配慮するとともに，子ども一人一人の人格を尊重して保育を行わなければならない。
(二)　保育所は，地域社会との交流や連携を図り，保護者や地域社会に，当該保育所が行う保育の内容を適切に説明するよう努めなければならない。
(三)　保育所は，入所する子ども等の個人情報を適切に取り扱うとともに，保護者の苦情などに対し，その解決を図るよう努めなければならない。

（以下略）

▶ 2008 年

幼稚園教育要領（抄）
　　　　　　　（文部科学省告示第二十六号）
　学校教育法施行規則（昭和二十二年文部省令第十一号）第三十八条の規定に基づき，幼稚園教育要領（平成十年文部省告示第百七十四号）の全部を次のように改正し，平成二十一年四月一日から施行する。
　平成二十年三月二十八日

目次
第1章　総則
第2章　ねらい及び内容
第3章　指導計画及び教育課程に係る教育時間の終了後等に行う教育活動などの留意事項

第1章　総則
第1　幼稚園教育の基本
　幼児期における教育は，生涯にわたる人格形成の基礎を培う重要なものであり，幼稚園教育は，学校教育法第22条に規定する目的を達成するため，幼児期の特性を踏まえ，環境

を通して行うものであることを基本とする。このため，教師は幼児との信頼関係を十分に築き，幼児と共によりよい教育環境を創造するように努めるものとする。これらを踏まえ，次に示す事項を重視して教育を行わなければならない。

1. 幼児は安定した情緒の下で自己を十分に発揮することにより発達に必要な体験を得ていくものであることを考慮して，幼児の主体的な活動を促し，幼児期にふさわしい生活が展開されるようにすること。
2. 幼児の自発的な活動としての遊びは，心身の調和のとれた発達の基礎を培う重要な学習であることを考慮して，遊びを通しての指導を中心として第2章に示すねらいが総合的に達成されるようにすること。
3. 幼児の発達は，心身の諸側面が相互に関連し合い，多様な経過をたどって成し遂げられていくものであること，また，幼児の生活経験がそれぞれ異なることなどを考慮して，幼児一人一人の特性に応じ，発達の課題に即した指導を行うようにすること。

その際，教師は，幼児の主体的な活動が確保されるよう幼児一人一人の行動の理解と予想に基づき，計画的に環境を構成しなければならない。この場合において，教師は，幼児と人やものとのかかわりが重要であることを踏まえ，物的・空間的環境を構成しなければならない。また，教師は，幼児一人一人の活動の場面に応じて，様々な役割を果たし，その活動を豊かにしなければならない。

第2 教育課程の編成

幼稚園は，家庭との連携を図りながら，この章の第1に示す幼稚園教育の基本に基づいて展開される幼稚園生活を通して，生きる力の基礎を育成するよう学校教育法第23条に規定する幼稚園教育の目標の達成に努めなければならない。幼稚園は，このことにより，義務教育及びその後の教育の基礎を培うものとする。

これらを踏まえ，各幼稚園においては，教育基本法及び学校教育法その他の法令並びにこの幼稚園教育要領の示すところに従い，創意工夫を生かし，幼児の心身の発達と幼稚園及び地域の実態に即応した適切な教育課程を編成するものとする。

1. 幼稚園生活の全体を通して第2章に示すねらいが総合的に達成されるよう，教育課程に係る教育期間や幼児の生活経験や発達の過程などを考慮して具体的なねらいと内容を組織しなければならないこと。この場合においては，特に，自我が芽生え，他者の存在を意識し，自己を抑制しようとする気持ちが生まれる幼児期の発達の特性を踏まえ，入園から修了に至るまでの長期的な視野をもって充実した生活が展開できるように配慮しなければならないこと。
2. 幼稚園の毎学年の教育課程に係る教育週数は，特別の事情のある場合を除き，39週を下ってはならないこと。
3. 幼稚園の1日の教育課程に係る教育時間は，4時間を標準とすること。ただし，幼児の心身の発達の程度や季節などに適切に配慮すること。

第3 教育課程に係る教育時間の終了後等に行う教育活動など

幼稚園は，地域の実態や保護者の要請により教育課程に係る教育時間の終了後等に希望する者を対象に行う教育活動について，学校教育法第22条及び第23条並びにこの章の第1に示す幼稚園教育の基本を踏まえ実施すること。また，幼稚園の目的の達成に資するため，幼児の生活全体が豊かなものとなるよう家庭や地域における幼児期の教育の支援に努めること。

（以下略）

▶ 2008年

小学校学習指導要領（抄）

　　　　　　　　　（文部科学省告示第二十七号）
　学校教育法施行規則（昭和二十二年文部省令第十一号）第五十二条の規定に基づき，小学校学習指導要領（平成十年文部省告示第百七十五号）の全部を次のように改正し，平成二十三年四月一日から施行する。平成二十一年四月一日から平成二十三年三月三十一日までの間における小学校学習指導要領の必要な特例については，別に定める。

平成二十年三月二十八日

目　次
第1章　総則
第2章　各教科
　第1節　国語　　第2節　社会
　第3節　算数　　第4節　理科
　第5節　生活　　第6節　音楽
　第7節　図画工作
　第8節　家庭　　第9節　体育
第3章　道徳
第4章　外国語活動
第5章　総合的な学習の時間
第6章　特別活動

第1章　総則
第1　教育課程編成の一般方針

1. 各学校においては，教育基本法及び学校教育法その他の法令並びにこの章以下に示すところに従い，児童の人間として調和のとれた育成を目指し，地域や学校の実態及び児童の心身の発達の段階や特性を十分考慮して，適切な教育課程を編成するものとし，これらに掲げる目標を達成するよう教育を行うものとする。

　学校の教育活動を進めるに当たっては，各学校において，児童に生きる力をはぐくむことを目指し，創意工夫を生かした特色ある教育活動を展開する中で，基礎的・基本的な知識及び技能を確実に習得させ，これらを活用して課題を解決するために必要な思考力，判断力，表現力その他の能力をはぐくむとともに，主体的に学習に取り組む態度を養い，個性を生かす教育の充実に努めなければならない。その際，児童の発達の段階を考慮して，児童の言語活動を充実するとともに，家庭との連携を図りながら，児童の学習習慣が確立するよう配慮しなければならない。

2. 学校における道徳教育は，道徳の時間を要として学校の教育活動全体を通じて行うものであり，道徳の時間はもとより，各教科，外国語活動，総合的な学習の時間及び特別活動のそれぞれの特質に応じて，児童の発達の段階を考慮して，適切な指導を行わなければならない。

　道徳教育は，教育基本法及び学校教育法に定められた教育の根本精神に基づき，人間尊重の精神と生命に対する畏（い）敬の念を家庭，学校，その他社会における具体的な生活の中に生かし，豊かな心をもち，伝統と文化を尊重し，それらをはぐくんできた我が国と郷土を愛し，個性豊かな文化の創造を図るとともに，公共の精神を尊び，民主的な社会及び国家の発展に努め，他国を尊重し，国際社会の平和と発展や環境の保全に貢献し未来を拓（ひら）く主体性のある日本人を育成するため，その基盤としての道徳性を養うことを目標とする。

　道徳教育を進めるに当たっては，教師と児童及び児童相互の人間関係を深めるとともに，児童が自己の生き方についての考えを深め，家庭や地域社会との連携を図りながら，集団宿泊活動やボランティア活動，自然体験活動などの豊かな体験を通して児童の内面に根ざした道徳性の育成が図られるよう配慮しなければならない。その際，特に児童が基本的な生活習慣，社会生活上のきまりを身に付け，善悪を判断し，人間としてしてはならないことをしないようにすることなどに配慮しなければならない。

3. 学校における体育・健康に関する指導は，児童の発達の段階を考慮して，学校の教育活動全体を通じて適切に行うものとする。特に，学校における食育の推進並びに体力の向上に関する指導，安全に関する指導及び心身の健康の保持増進に関する指導については，体育科の時間はもとより，家庭科，特別活動などにおいてもそれぞれの特質に応じて適切に行うよう努めることとする。また，それらの指導を通して，家庭や地域社会との連携を図りながら，日常生活において適切な体育・健康に関する活動の実践を促し，生涯を通じて健康・安全で活力ある生活を送るための基礎が培われるよう配慮しなければならない。

第2　内容等の取扱いに関する共通的事項

1. 第2章以下に示す各教科，道徳，外国語活動及び特別活動の内容に関する事項は，特

に示す場合を除き,いずれの学校においても取り扱わなければならない。
2. 学校において特に必要がある場合には,第2章以下に示していない内容を加えて指導することができる。また,第2章以下に示す内容の取扱いのうち内容の範囲や程度等を示す事項は,すべての児童に対して指導するものとする内容の範囲や程度等を示したものであり,学校において特に必要がある場合には,この事項にかかわらず指導することができる。ただし,これらの場合には,第2章以下に示す各教科,道徳,外国語活動及び特別活動並びに各学年の目標や内容の趣旨を逸脱したり,児童の負担過重となったりすることのないようにしなければならない。
3. 第2章以下に示す各教科,道徳,外国語活動及び特別活動及び各学年の内容に掲げる事項の順序は,特に示す場合を除き,指導の順序を示すものではないので,学校においては,その取扱いについて適切な工夫を加えるものとする。
4. 学年の目標及び内容を2学年まとめて示した教科及び外国語活動の内容は,2学年間かけて指導する事項を示したものである。各学校においては,これらの事項を地域や学校及び児童の実態に応じ,2学年間を見通して計画的に指導することとし,特に示す場合を除き,いずれかの学年に分けて,又はいずれの学年においても指導するものとする。
5. 学校において2以上の学年の児童で編制する学級について特に必要がある場合には,各教科,道徳,外国語活動及び特別活動の目標の達成に支障のない範囲内で,各教科,道徳,外国語活動及び特別活動の目標及び内容について学年別の順序によらないことができる。

第3 授業時数等の取扱い

1. 各教科,道徳,外国語活動,総合的な学習の時間及び特別活動(以下「各教科等」という。ただし,1及び3において,特別活動については学級活動(学校給食に係るものを除く。)に限る。)の授業は,年間35週(第1学年については34週)以上にわたって行うよう計画し,週当たりの授業時数が児童の負担過重にならないようにするものとする。ただし,各教科等や学習活動の特質に応じ効果的な場合には,夏季,冬季,学期末等の休業日の期間に授業日を設定する場合を含め,これらの授業を特定の期間に行うことができる。なお,給食,休憩などの時間については,学校において工夫を加え,適切に定めるものとする。
2. 特別活動の授業のうち,児童会活動,クラブ活動及び学校行事については,それらの内容に応じ,年間,学期ごと,月ごとなどに適切な授業時数を充てるものとする。
3. 各教科等のそれぞれの授業の1単位時間は,各学校において,各教科等の年間授業時数を確保しつつ,児童の発達の段階及び各教科等や学習活動の特質を考慮して適切に定めるものとする。
4. 各学校においては,地域や学校及び児童の実態,各教科等や学習活動の特質等に応じて,創意工夫を生かし時間割を弾力的に編成することができる。
5. 総合的な学習の時間における学習活動により,特別活動の学校行事に掲げる各行事の実施と同様の成果が期待できる場合においては,総合的な学習の時間における学習活動をもって相当する特別活動の学校行事に掲げる各行事の実施に替えることができる。

第4 指導計画の作成等に当たって配慮すべき事項

1. 各学校においては,次の事項に配慮しながら,学校の創意工夫を生かし,全体として,調和のとれた具体的な指導計画を作成するものとする。
(1) 各教科等及び各学年相互間の関連を図り,系統的,発展的な指導ができるようにすること。
(2) 学年の目標及び内容を2学年まとめて示した教科及び外国語活動については,当該学年間を見通して,地域や学校及び児童の実態に応じ,児童の発達の段階を考慮しつつ,効果的,段階的に指導するようにすること。
(3) 各教科の各学年の指導内容については,そのまとめ方や重点の置き方に適切な工夫を加え,効果的な指導ができるようにすること。

(4) 児童の実態等を考慮し，指導の効果を高めるため，合科的・関連的な指導を進めること。
2. 以上のほか，次の事項に配慮するものとする。
(1) 各教科等の指導に当たっては，児童の思考力，判断力，表現力等をはぐくむ観点から，基礎的・基本的な知識及び技能の活用を図る学習活動を重視するとともに，言語に対する関心や理解を深め，言語に関する能力の育成を図る上で必要な言語環境を整え，児童の言語活動を充実すること。
(2) 各教科等の指導に当たっては，体験的な学習や基礎的・基本的な知識及び技能を活用した問題解決的な学習を重視するとともに，児童の興味・関心を生かし，自主的，自発的な学習が促されるよう工夫すること。
(3) 日ごろから学級経営の充実を図り，教師と児童の信頼関係及び児童相互の好ましい人間関係を育てるとともに児童理解を深め，生徒指導の充実を図ること。
(4) 各教科等の指導に当たっては，児童が学習の見通しを立てたり学習したことを振り返ったりする活動を計画的に取り入れるよう工夫すること。
(5) 各教科等の指導に当たっては，児童が学習課題や活動を選択したり，自らの将来について考えたりする機会を設けるなど工夫すること。
(6) 各教科等の指導に当たっては，児童が学習内容を確実に身に付けることができるよう，学校や児童の実態に応じ，個別指導やグループ別指導，繰り返し指導，学習内容の習熟の程度に応じた指導，児童の興味・関心等に応じた課題学習，補充的な学習や発展的な学習などの学習活動を取り入れた指導，教師間の協力的な指導など指導方法や指導体制を工夫改善し，個に応じた指導の充実を図ること。
(7) 障害のある児童などについては，特別支援学校等の助言又は援助を活用しつつ，例えば指導についての計画又は家庭や医療，福祉等の業務を行う関係機関と連携した支援のための計画を個別に作成することなどにより，個々の児童の障害の状態等に応じた指導内容や指導方法の工夫を計画的，組織的に行うこと。特に，特別支援学級又は通級による指導については，教師間の連携に努め，効果的な指導を行うこと。
(8) 海外から帰国した児童などについては，学校生活への適応を図るとともに，外国における生活経験を生かすなどの適切な指導を行うこと。
(9) 各教科等の指導に当たっては，児童がコンピュータや情報通信ネットワークなどの情報手段に慣れ親しみ，コンピュータで文字を入力するなどの基本的な操作や情報モラルを身に付け，適切に活用できるようにするための学習活動を充実するとともに，これらの情報手段に加え視聴覚教材や教育機器などの教材・教具の適切な活用を図ること。
(10) 学校図書館を計画的に利用しその機能の活用を図り，児童の主体的，意欲的な学習活動

各教科等の授業時数　学校教育法施行規則別表第1（第51条関係）

区分		第1学年	第2学年	第3学年	第4学年	第5学年	第6学年
各教科の授業時数	国語	306	315	245	245	175	175
	社会			70	90	100	105
	算数	136	175	175	175	175	175
	理科			90	105	105	105
	生活	102	105				
	音楽	68	70	60	60	50	50
	図画工作	68	70	60	60	50	50
	家庭					60	55
	体育	102	105	105	105	90	90
道徳の授業時数		34	35	35	35	35	35
外国語活動の授業時数						35	35
総合的な学習の時間の授業時数				70	70	70	70
特別活動の授業時数		34	35	35	35	35	35
総授業時数		850	910	945	980	980	980

や読書活動を充実すること。
(11) 児童のよい点や進歩の状況などを積極的に評価するとともに，指導の過程や成果を評価し，指導の改善を行い学習意欲の向上に生かすようにすること。
(12) 学校がその目的を達成するため，地域や学校の実態等に応じ，家庭や地域の人々の協力を得るなど家庭や地域社会との連携を深めること。また，小学校間，幼稚園や保育所，中学校及び特別支援学校などとの間の連携や交流を図るとともに，障害のある幼児児童生徒との交流及び共同学習や高齢者などとの交流の機会を設けること。
(以下略)

▶ 2008年

中学校学習指導要領（抄）

(文部科学省告示第二十八号（平成二十二年度文部科学省告示第百六十一号・一部改正））

学校教育法施行規則（昭和二十二年文部省令第十一号）第七十四条の規定に基づき，中学校学習指導要領（平成十年文部省告示第百七十六号）の全部を次のように改正し，平成二十四年四月一日から施行する。平成二十一年四月一日から平成二十四年三月三十一日までの間における中学校学習指導要領の必要な特例については，別に定める。

平成二十年三月二十八日

目　次
第1章　総則
第2章　各教科
　第1節　国語　第2節　社会
　第3節　数学　第4節　理科
　第5節　音楽　第6節　美術
　第7節　保健体育
　第8節　技術・家庭
　第9節　外国語
第3章　道徳
第4章　総合的な学習の時間
第5章　特別活動

(以下略)

各教科等の授業時数
学校教育法施行規則別表第2（第73条関係）

区分		第1学年	第2学年	第3学年
各教科の授業時数	国語	140	140	105
	社会	105	105	140
	数学	140	105	140
	理科	105	140	140
	音楽	45	35	35
	美術	45	35	35
	保健体育	105	105	105
	技術・家庭	70	70	35
	外国語	140	140	140
道徳の授業時数		35	35	35
総合的な学習の時間の授業時数		50	70	70
特別活動の授業時数		35	35	35
総授業時数		1015	1015	1015

中央教育審議会答申 一覧

年月日	答申名
1953（昭和28）年 7月25日	義務教育に関する答申
1953（昭和28）年 8月 8日	社会科教育の改善に関する答申
1954（昭和29）年 1月18日	教員の政治的中立性維持に関する答申
1954（昭和29）年 2月 8日	医学および歯学の教育に関する答申
1954（昭和29）年 8月23日	義務教育学校教員給与に関する答申
1954（昭和29）年11月15日	大学入学者選考およびこれに関連する事項についての答申
1954（昭和29）年12月 6日	特殊教育およびへき地教育振興に関する答申
1954（昭和29）年12月20日	かなの教え方についての答申
1955（昭和30）年 9月12日	私立学校教育の振興についての答申
1955（昭和30）年12月 5日	教科書制度の改善方策についての答申
1956（昭和31）年 7月 9日	教育・学術・文化に関する国際交流の促進についての答申
1956（昭和31）年11月 5日	公立小・中学校の統合方策についての答申
1956（昭和31）年12月10日	短期大学制度の改善についての答申
1957（昭和32）年11月11日	科学技術教育の振興方策についての答申
1958（昭和33）年 4月28日	勤労青少年 教育の振興方策についての答申
1958（昭和33）年 7月28日	教員養成制度の改善方策についての答申
1959（昭和34）年 3月 2日	育英奨学および援護に関する事業の振興方策についての答申
1959（昭和34）年12月 7日	特殊教育の充実振興についての答申
1963（昭和38）年 1月28日	大学教育の改善についての答申
1966（昭和41）年10月30日	後期中等教育の拡充整備について
1969（昭和44）年 4月30日	当面する大学教育の課題に対応するための方策について
1971（昭和46）年 6月11日	今後における学校教育の総合的な拡充整備のための基本的施策について
1974（昭和49）年 5月27日	教育・学術・文化における国際交流について
1978（昭和53）年 6月16日	教員の資質能力の向上について
1979（昭和54）年 6月 8日	地域社会と文化について
1981（昭和56）年 6月11日	生涯教育について
1983（昭和58）年 6月30日	教科書の在り方について
1990（平成2）年 1月30日	生涯学習の基盤整備について
1991（平成3）年 4月 9日	新しい時代に対応する教育の諸制度の改革について
1996（平成8）年 7月19日	21世紀を展望した我が国の教育の在り方について（第1次答申）
1997（平成9）年 6月26日	21世紀を展望した我が国の教育の在り方について（第2次答申）
1998（平成10）年 6月30日	新しい時代を拓く心を育てるために―次世代を育てる心を失う危機
1998（平成10）年 9月21日	今後の地方教育行政の在り方について
1999（平成11）年12月16日	初等中等教育と高等教育との接続の改善について
2000（平成12）年 4月17日	少子化と教育について（報告）

（新中央教育審議会）

年月日	答申名
2002（平成14）年 2月21日	大学等における社会人受け入れの推進方策について
2002（平成14）年 2月21日	今後の教員免許制度の在り方について
2002（平成14）年 2月21日	新しい時代における教養教育の在り方について

2002（平成14）年 3月 7日	大学設置基準等の改正について
2002（平成14）年 7月29日	青少年の奉仕活動・体験活動の推進方策等について
2002（平成14）年 8月 5日	法科大学院の設置基準等について
2002（平成14）年 8月 5日	大学院における高度専門職業人要請について
2002（平成14）年 8月 5日	大学の質の保証に係る新たなシステムの構築について
2002（平成14）年 9月30日	子どもの体力向上のための総合的な方策について
2003（平成15）年 1月23日	大学設置基準等の改正について
2003（平成15）年 3月20日	新しい時代にふさわしい教育基本法と教育振興基本計画の在り方について
2003（平成15）年10月 7日	初等中等教育における当面の教育課程及び指導の充実・改善方策について
2003（平成15）年12月16日	新たな留学生政策の展開について
2004（平成16）年 1月 9日	栄養教諭の養成・免許制度の在り方について（報告）
2004（平成16）年 1月14日	構造改革特別区域における大学設置基準等の特例措置について
2004（平成16）年 1月20日	食に関する指導体制の整備について
2004（平成16）年 2月 6日	文部科学大臣が認証評価機関になろうとする者を認証する基準を適用するに際して必要な細目を定める省令の制定について
2004（平成16）年 2月 6日	大学設置基準等の改正について
2004（平成16）年 2月18日	薬学教育の改善・充実について
2004（平成16）年 3月 4日	今後の学校の管理運営の在り方について
2004（平成16）年 8月 6日	大学入学資格検定の見直しについて
2005（平成17）年 1月28日	我が国の高等教育の将来像
2005（平成17）年 1月28日	子どもを取り巻く環境の変化を踏まえた今後の幼児教育の在り方について
2005（平成17）年 9月 5日	新時代の大学院教育
2005（平成17）年10月26日	新しい時代の義務教育を創造する
2005（平成17）年12月 8日	特別支援教育を推進するための制度の在り方について
2006（平成18）年 7月11日	今後の教員養成・免許制度の在り方について
2007（平成19）年 1月30日	次代を担う自立した青少年の育成に向けて
2007（平成19）年 3月29日	教育基本法の改正を受けて緊急に必要とされる教育制度の改正について
2007（平成19）年 3月29日	今後の教員給与のあり方について
2008（平成20）年 1月17日	子どもの心身の健康を守り，安全・安心を確保するために学校全体としての取り組みを進めるための方策について
2008（平成20）年 1月17日	幼稚園，小学校，中学校，高等学校及び特別支援学校の学習指導要領の改善について
2008（平成20）年 2月19日	新しい時代を切り拓く生涯学習の振興方策について
2008（平成20）年 4月18日	教育振興基本計画について―「教育立国」の実現に向けて―
2008（平成20）年12月24日	学士課程の構築に向けて
2008（平成20）年12月24日	高等専門学校教育の充実について
2011（平成23）年 1月31日	今後の学校におけるキャリア教育・職業教育のあり方について
2011（平成23）年 1月31日	グローバル化社会の大学院教育

付表 1　学校・施設数

年　次		保育所	幼稚園	小学校	中学校	高等学校		中等教育学校	高等専門学校	専修学校
1950	昭和25年	3,686	2,100	25,878	14,165		4,292	…	…	…
55	30	8,321	5,426	26,880	13,767		4,607	…	…	…
60	35	9,782	7,207	26,858	12,986		4,598	…	…	…
65	40	11,199	8,551	25,977	12,079	(7)	4,849	…	54	…
70	45	14,101	10,796	24,790	11,040	(14)	4,798	…	60	…
75	50	18,238	13,106	24,650	10,751	(14)	4,946	…	65	…
80	55	22,036	14,893	24,945	10,780	(14)	5,208	…	62	2,520
85	60	22,899	15,220	25,040	11,131	(13)	5,453	…	62	3,015
90	平成2	22,703	15,076	24,827	11,275	(12)	5,506	…	62	3,300
95	7	22,488	14,856	24,548	11,274	(16)	5,501	…	62	3,476
2000	12	22,199	14,451	24,106	11,209	(25)	5,478	4	62	3,551
01	13	22,231	14,375	23,964	11,191	(26)	5,479	7	62	3,495
02	14	22,288	14,279	23,808	11,159	(35)	5,472	9	62	3,467
03	15	22,391	14,174	23,633	11,134	(38)	5,450	16	63	3,439
04	16	22,494	14,061	23,420	11,102	(47)	5,429	18	63	3,444
05	17	22,624	13,949	23,123	11,035	(59)	5,418	19	63	3,439
06	18	22,720	13,835	22,878	10,992	(67)	5,385	27	64	3,441
07	19	22,838	13,723	22,693	10,955	(70)	5,313	32	64	3,435
08	20	22,898	13,626	22,476	10,915	(80)	5,243	37	64	3,401
09	21	22,250	13,516	22,258	10,864	(87)	5,183	42	64	3,348
10	22	21,681	13,392	22,000	10,815	(88)	5,116	48	58	3,311
11	23	21,751	13,299	21,721	10,751	(89)	5,060	49	57	3,266
12	24	22,720	13,170	21,460	10,699	(91)	5,022	49	57	3,249
13	25	—	13,043	21,131	10,628	(93)	4,981	50	57	3,216

年　次		盲学校	聾学校	養護学校	特別支援学校	短期大学		大学		各種学校
1950	昭和25年	76	82	3	…		149		201	4,190
55	30	77	99	5	…		264		228	7,305
60	35	76	103	46	…		280		245	8,089
65	40	77	107	151	…		369		317	7,837
70	45	75	108	234	…		479		382	8,011
75	50	77	107	393	…		513		420	7,956
80	55	73	110	677	…		517		446	5,302
85	60	72	107	733	…		543	(1)	460	4,300
90	平成2	70	108	769	…		593	(1)	507	3,436
95	7	70	107	790	…		596	(1)	565	2,821
2000	12	71	107	814	…		572	(2)	649	2,278
01	13	71	107	818	…		559	(2)	669	2,164
02	14	71	106	816	…		541	(2)	686	2,069
03	15	71	106	818	…		525	(2)	702	1,955
04	16	71	106	822	…		508	(4)	709	1,878
05	17	71	106	825	…		488	(4)	726	1,830
06	18	71	104	831	(1)		468	(4)	744	1,729
07	19	…	…	…	1,013	(1)	434	(5)	756	1,654
08	20	…	…	…	1,026	(1)	417	(6)	765	1,585
09	21	…	…	…	1,030	(1)	406	(6)	773	1,533
10	22	…	…	…	1,039	(1)	395	(6)	778	1,466
11	23	…	…	…	1,049	(1)	387	(6)	780	1,426
12	24	…	…	…	1,059	(1)	372	(7)	783	1,392
13	25	…	…	…	1,080	(1)	359	(7)	782	1,330

(注) 1. 国・公・私立の合計数である。　2. 本校・分校の合計数である。　3.「大学」は新制大学のみである。
　　 4. (　) 内の数値は通信教育のみを行う学校数で別掲である。
資料) 文部科学省「学校基本調査」，厚生労働省「社会福祉施設等調査」

資 料

付表2 在学者・在籍者数

年　次		保育所	幼稚園	小学校	中学校	高等学校	中等教育学校	高等専門学校	専修学校
1950	昭和25年	292,504	224,653	11,191,401	5,332,515	1,935,118	…	…	…
55	30	653,727	643,683	12,266,952	5,883,692	2,592,001	…	…	…
60	35	689,242	742,367	12,590,680	5,899,973	3,239,416	…	…	…
65	40	829,740	1,137,733	9,775,532	5,956,630	5,073,882	…	22,208	…
70	45	1,131,361	1,674,625	9,493,485	4,716,833	4,231,542	…	44,314	…
75	50	1,631,025	2,292,591	10,364,846	4,762,442	4,333,079	…	47,955	…
80	55	1,996,082	2,407,093	11,826,573	5,094,402	4,621,930	…	46,348	432,914
85	60	1,843,550	2,067,951	11,095,372	5,990,183	5,177,681	…	48,288	538,175
90	平成2	1,723,775	2,007,964	9,373,295	5,369,162	5,623,336	…	52,930	791,431
95	7	1,678,866	1,808,432	8,370,246	4,570,390	4,724,945	…	56,234	813,347
2000	12	1,904,067	1,773,682	7,366,079	4,103,717	4,165,434	1,702	56,714	750,824
01	13	1,949,899	1,753,422	7,296,920	3,991,911	4,061,756	2,166	57,017	752,420
02	14	2,005,002	1,769,096	7,239,327	3,862,849	3,929,352	3,020	57,349	765,558
03	15	2,048,324	1,760,494	7,226,910	3,748,319	3,809,827	4,736	57,875	786,091
04	16	2,090,374	1,753,393	7,200,933	3,663,513	3,719,048	6,051	58,698	792,054
05	17	2,118,079	1,738,766	7,197,458	3,626,415	3,605,242	7,456	59,160	783,783
06	18	2,118,352	1,726,520	7,187,417	3,601,527	3,494,513	11,648	59,380	750,208
07	19	2,132,651	1,705,402	7,132,874	3,614,552	3,406,561	14,902	59,386	703,490
08	20	2,137,692	1,674,163	7,121,781	3,592,378	3,367,489	17,695	59,446	657,502
09	21	2,100,357	1,630,336	7,063,606	3,600,323	3,347,311	20,544	59,386	624,875
10	22	2,056,845	1,605,912	6,993,376	3,558,166	3,368,693	23,759	59,542	637,897
11	23	2,084,136	1,596,170	6,887,292	3,573,821	3,349,255	26,759	59,220	645,834
12	24	2,187,568	1,604,225	6,764,619	3,552,663	3,355,609	28,644	58,765	650,501
13	25	—	1,583,610	6,676,920	3,536,182	3,319,640	30,226	58,226	660,078

年　次		盲学校	聾学校	養護学校	特別支援学校	短期大学	大　学	各種学校
1950	昭和25年	5,155	11,600	110	…	15,098	224,923	486,609
55	30	9,090	18,694	358	…	77,885	523,355	958,292
60	35	10,261	20,723	4,794	…	83,457	626,421	1,239,621
65	40	9,933	19,684	14,699	…	147,563	937,556	1,383,712
70	45	9,510	16,586	24,700	…	263,219	1,406,521	1,352,636
75	50	9,015	13,897	40,636	…	353,782	1,734,082	1,205,318
80	55	8,113	11,577	72,122	…	371,124	1,835,312	724,401
85	60	6,780	9,404	79,217	…	371,095	1,848,698	530,159
90	平成2	5,599	8,169	79,729	…	479,389	2,133,362	425,341
95	7	4,611	7,257	74,966	…	498,516	2,546,649	321,105
2000	12	4,089	6,818	79,197	…	327,680	2,740,023	222,961
01	13	4,001	6,829	81,242	…	289,198	2,765,705	208,254
02	14	3,926	6,719	83,526	…	267,086	2,786,032	198,588
03	15	3,882	6,705	85,886	…	250,062	2,803,980	189,583
04	16	3,870	6,573	88,353	…	233,754	2,809,295	178,117
05	17	3,809	6,639	91,164	…	219,355	2,865,051	163,667
06	18	3,688	6,544	94,360	…	202,254	2,859,212	149,934
07	19	…	…	…	108,173	186,667	2,828,708	147,261
08	20	…	…	…	112,334	172,726	2,836,127	137,269
09	21	…	…	…	117,035	160,976	2,845,908	134,981
10	22	…	…	…	121,815	155,273	2,887,414	129,985
11	23	…	…	…	126,123	150,007	2,893,489	122,636
12	24	…	…	…	129,994	141,970	2,876,134	120,195
13	25	…	…	…	132,570	138,260	2,868,872	122,890

（注）1. 国・公・私立の合計数である。　2. 盲学校，聾学校，養護学校及び特別支援学校は，それぞれ幼稚部・小学部・中学部及び高等部の合計数である。　3. 高等学校は，本科・専攻科・別科の合計数である。
4. 中等教育学校は，前期課程と後期課程の合計数である。　5. 大学，短期大学，高等専門学校は学部，本科のほか，大学院・専攻科・別科・その他の学生の合計数である。　6. 通信教育の学生・生徒は含まれていない。

資料）文部科学省「学校基本調査」，厚生労働省「社会福祉施設等調査」

付表3 教員数

区分	区分	幼稚園	小学校	中学校	高等学校	中等教育学校	高等専門学校	専修学校
1950	昭和25年	8,028	305,520	182,008	82,932	…	…	…
55	30	24,983	340,572	199,062	111,617	…	…	…
60	35	31,330	360,660	205,988	131,719	…	…	…
65	40	45,193	345,118	237,750	193,524	…	1,691	…
70	45	66,579	367,941	224,546	202,440	…	3,245	…
75	50	85,680	415,071	234,844	222,915	…	3,691	…
80	55	100,958	467,953	251,279	243,592	…	3,721	20,211
85	60	98,455	461,256	285,123	266,809	…	3,770	24,238
90	平成2	100,932	444,218	286,065	286,006	…	4,003	31,773
95	7	102,992	430,958	271,020	281,117	…	4,306	36,433
2000	12	106,067	407,598	257,605	269,027	124	4,459	37,656
01	13	106,703	407,829	255,494	266,548	194	4,467	38,163
02	14	108,051	410,505	253,954	262,371	257	4,465	39,062
03	15	108,822	413,890	252,050	258,537	380	4,474	39,764
04	16	109,806	414,908	249,794	255,605	470	4,473	40,663
05	17	110,393	416,833	248,694	251,408	560	4,469	41,776
06	18	110,807	417,858	248,280	247,804	818	4,471	42,171
07	19	111,239	418,246	249,645	243,953	1,148	4,453	42,103
08	20	111,223	419,309	249,509	241,226	1,369	4,432	41,602
09	21	110,692	419,518	250,771	239,342	1,576	4,400	40,922
10	22	110,580	419,776	250,899	238,929	1,893	4,373	40,416
11	23	110,402	419,467	253,104	237,526	2,046	4,357	40,509
12	24	110,836	418,707	253,753	237,224	2,192	4,337	40,424
13	25	111,111	417,553	254,253	235,062	2,369	4,336	40,380

区分	区分	盲学校	聾学校	養護学校	特別支援学校	短期大学	大学	各種学校
1950	昭和25年	1,168	1,791	15	…	2,124	11,534	15,291
55	30	1,839	2,957	27	…	5,505	38,010	28,251
60	35	2,055	3,501	534	…	6,394	44,434	36,688
65	40	2,344	3,871	2,322	…	9,321	57,445	44,724
70	45	2,682	4,337	5,310	…	15,320	76,275	48,175
75	50	3,206	4,804	12,089	…	15,557	89,648	44,021
80	55	3,363	4,755	25,373	…	16,372	102,989	26,478
85	60	3,328	4,560	31,340	…	17,760	112,249	22,010
90	平成2	3,381	4,605	36,812	…	20,489	123,838	19,312
95	7	3,528	4,830	43,555	…	20,702	137,464	16,304
2000	12	3,459	4,877	49,211	…	16,752	150,563	13,412
01	13	3,439	4,896	50,282	…	15,638	152,572	12,787
02	14	3,449	4,920	51,497	…	14,491	155,050	12,185
03	15	3,401	4,915	52,778	…	13,534	156,155	11,736
04	16	3,409	4,935	53,912	…	12,740	158,770	11,267
05	17	3,383	4,974	55,275	…	11,960	161,690	11,045
06	18	3,323	4,908	56,826	…	11,278	164,473	10,401
07	19	…	…	…	66,807	11,022	167,636	10,228
08	20	…	…	…	68,677	10,521	169,914	9,873
09	21	…	…	…	70,518	10,128	172,039	9,655
10	22	…	…	…	72,803	9,657	174,403	9,290
11	23	…	…	…	74,854	9,274	176,684	9,168
12	24	…	…	…	76,387	8,916	177,570	8,954
13	25	…	…	…	77,663	8,631	178,669	8,845

(注) 1. 国・公・私立の合計数である。　2. 本務教員である。　3. 通信教育の教員は含まれていない。
資料) 文部科学省「学校基本調査」

資料

付表4　進学率 (単位：％)

区分	区分	幼稚園就園率	高等学校等への進学率			大学・短期大学等への現役進学率			大学（学部）・短期大学（本科）への進学率（過年度高卒者等を含む）			大学（学部）への進学率（過年度高卒者等を含む）			短期大学（本科）への進学率（過年度高卒者等を含む）		
			計	男	女	計	男	女	計	男	女	計	男	女	計	男	女
1950	昭和25年	8.9	42.5	48.0	36.7	30.3	34.6	17.2	…	…	…	…	…	…	…	…	…
55	30	20.1	51.5	55.5	47.4	18.4	20.9	14.9	10.1	15.0	5.0	7.9	13.1	2.4	2.2	1.9	2.6
60	35	28.7	57.7	59.6	55.9	17.2	19.7	14.2	10.3	14.9	5.5	8.2	13.7	2.5	2.1	1.2	3.0
65	40	41.3	70.7	71.7	69.6	25.4	30.1	20.4	17.0	22.4	11.3	12.8	20.7	4.6	4.1	1.7	6.7
70	45	53.8	82.1	81.6	82.7	24.2	25.0	23.5	23.6	29.2	17.7	17.1	27.3	6.5	6.5	2.0	11.2
75	50	63.5	91.9	91.0	93.0	34.2	33.8	34.6	38.4	43.6	32.9	27.2	41.0	12.7	11.2	2.6	20.2
80	55	64.4	94.2	93.1	95.4	31.9	30.3	33.5	37.4	41.3	33.3	26.1	39.3	12.3	11.3	2.0	21.0
85	60	63.7	93.8	92.8	94.9	30.5	27.0	33.9	37.6	40.6	34.5	26.5	38.6	13.7	11.1	2.0	20.8
90	平成2	64.0	94.4	93.2	95.6	30.5	23.8	37.2	36.3	35.2	37.4	24.6	33.4	15.2	11.7	1.7	22.2
95	7	63.2	95.8	94.7	97.0	37.5	29.6	45.4	45.2	42.9	47.6	32.1	40.7	22.9	13.1	2.1	24.6
2000	12	61.1	95.9	95.0	96.8	45.1	42.6	47.6	49.1	49.4	48.7	39.7	47.5	31.5	9.4	1.9	17.2
01	13	60.6	95.8	95.0	96.7	45.1	43.1	47.1	48.6	48.7	48.5	39.9	46.9	32.7	8.6	1.8	15.8
02	14	59.9	95.8	95.0	96.5	44.8	42.7	46.9	48.6	48.8	48.5	40.5	47.0	33.8	8.1	1.8	14.7
03	15	59.3	96.1	95.7	96.6	44.6	42.7	46.5	49.0	49.6	48.3	41.3	47.8	34.4	7.7	1.8	13.9
04	16	58.9	96.3	96.0	96.7	45.3	43.5	47.0	49.9	51.1	48.7	42.4	49.3	35.2	7.5	1.8	13.5
05	17	58.4	96.5	96.1	96.8	47.2	45.9	48.6	51.5	53.1	49.8	44.2	51.3	36.8	7.3	1.8	13.0
06	18	57.7	96.5	96.2	96.8	49.3	48.1	50.6	52.3	53.7	51.0	45.5	52.1	38.5	6.8	1.5	12.4
07	19	57.2	96.4	96.1	96.7	51.2	49.9	52.4	53.7	54.9	52.5	47.2	53.5	40.6	6.5	1.4	11.9
08	20	56.7	96.4	96.2	96.6	52.8	51.4	54.3	55.3	56.5	54.1	49.1	55.2	42.6	6.3	1.3	11.5
09	21	56.4	96.3	96.2	96.5	53.9	52.3	55.5	56.2	57.2	55.3	50.2	55.9	44.2	6.0	1.2	11.1
10	22	56.2	96.3	96.1	96.5	54.3	52.7	55.9	56.8	57.7	56.0	50.9	56.4	45.2	5.9	1.3	10.8
11	23	55.7	96.4	96.2	96.7	53.9	51.9	55.9	56.7	57.2	56.1	51.0	56.0	45.8	5.7	1.2	10.4
12	24	55.1	96.5	96.2	96.8	53.5	51.6	55.5	56.2	56.8	55.6	50.8	55.6	45.8	5.4	1.2	9.8
13	25	54.8	96.6	96.2	96.9	53.2	51.0	55.5	55.1	55.1	55.2	49.9	54.0	45.6	5.3	1.1	9.5

(注) 1. 幼稚園就園率：小学校第1学年児童数に対する幼稚園修了者数の比率。　2. 高等学校等への進学率：中学校卒業者及び中等教育学校前期課程修了者のうち，高等学校，中等教育学校後期課程及び特別支援学校高等部の本科・別科並びに高等専門学校に進学した者（就職進学した者を含み，過年度中卒者等は含まない。通信制課程（本科）への進学者は除く。）の占める比率。　3. 大学・短期大学等への現役進学率：高等学校及び中等教育学校後期課程本科卒業者のうち，大学の学部・別科，短期大学の本科・別科及び高等学校等の専攻科に進学した者（就職進学した者を含む。通信教育部への進学者は除く。）の占める比率。　4. 大学（学部）・短期大学（本科）への進学率（過年度高卒者等を含む）：大学学部・短期大学本科入学者数（過年度高卒者等を含む。）を3年前の中学校卒業者及び中等教育学校前期課程修了者数で除した比率。

資料）文部科学省「学校基本調査」

就職率 (単位：％)

区分	区分	中学校			高等学校			高等専門学校			短期大学			大学		
		計	男	女	計	男	女	計	男	女	計	男	女	計	男	女
1950年	昭和25年	45.2	46.2	44.1	44.9	47.9	35.7	…	…	…	53.5	66.7	42.5	63.8	64.1	45.2
55	30	42.0	43.0	40.9	47.6	54.1	38.6	…	…	…	53.5	66.7	42.5	73.9	75.0	67.5
60	35	38.6	39.7	37.5	61.3	63.7	58.6	…	…	…	58.9	79.5	49.8	83.2	86.3	64.1
65	40	26.5	26.9	26.0	60.4	57.9	62.9	96.1	96.1	—	63.8	84.1	57.4	83.4	86.6	66.7
70	45	16.3	16.5	16.1	58.2	55.4	61.2	96.7	96.8	94.4	70.3	80.5	68.8	78.1	82.8	59.9
75	50	5.9	5.9	5.9	44.6	41.1	48.0	90.4	90.3	93.2	73.5	75.6	73.0	74.3	77.5	62.8
80	55	3.9	4.5	3.2	42.9	40.2	45.6	89.1	89.0	92.6	76.0	71.8	76.4	75.3	78.5	65.7
85	60	3.7	4.5	2.9	41.1	38.7	43.4	89.0	89.0	89.1	80.7	72.6	81.3	77.2	78.8	72.4
90	平成2	2.8	3.7	1.8	35.2	34.2	36.2	85.9	85.6	92.3	87.0	72.9	88.1	81.0	81.0	81.0
95	7	1.5	2.2	0.9	25.6	27.9	23.4	74.2	73.6	78.5	65.4	57.3	66.0	67.1	68.7	63.7
2000	12	1.0	1.5	0.5	18.6	20.7	16.5	59.7	58.4	65.1	56.0	41.3	57.4	55.8	55.0	57.1
01	13	1.0	1.5	0.5	18.4	20.5	16.4	59.2	57.5	66.0	59.1	44.4	60.5	57.3	55.9	59.6
02	14	0.9	1.3	0.5	17.1	19.1	15.1	56.0	54.4	63.2	60.3	47.2	61.6	56.9	54.9	60.0
03	15	0.8	1.1	0.4	16.6	18.5	14.7	53.6	52.1	60.1	59.7	46.4	61.1	55.1	52.6	58.8
04	16	0.7	1.0	0.4	16.9	19.1	14.7	54.2	52.8	60.1	61.6	47.7	63.2	55.8	53.1	59.7
05	17	0.7	1.0	0.4	17.4	19.8	14.9	53.8	52.3	60.4	65.0	50.6	66.8	59.7	56.6	64.1
06	18	0.7	1.0	0.4	18.0	20.5	15.4	53.8	51.8	63.2	67.7	52.1	69.8	63.7	60.5	68.1
07	19	0.7	1.0	0.4	18.5	21.2	15.8	54.3	52.3	64.2	70.2	54.0	72.3	67.6	64.0	72.3
08	20	0.7	0.9	0.4	19.0	21.8	16.1	54.2	52.1	64.4	72.0	55.9	74.0	69.9	66.4	74.6
09	21	0.7	0.9	0.3	18.2	21.1	15.2	53.6	51.6	63.6	69.9	53.1	71.9	68.4	64.6	73.4
10	22	0.4	0.6	0.2	15.8	18.4	13.1	51.5	49.2	63.9	65.4	48.0	67.3	60.8	56.4	66.6
11	23	0.4	0.6	0.2	16.3	19.4	13.3	54.3	52.9	61.8	68.2	49.5	70.1	61.6	57.0	67.6
12	24	0.4	0.6	0.2	16.8	20.0	13.6	57.6	56.2	64.5	70.8	52.1	72.3	63.9	58.9	70.2
13	25	0.4	0.6	0.2	17.0	20.3	13.6	58.0	56.2	67.5	73.5	54.0	75.7	67.3	62.3	73.4

(注) 各年3月卒業者のうち，就職者（就職進学者を含む。）の占める割合である。
資料）文部科学省「学校基本調査」

付表5 出生，死亡，婚姻及び離婚数・率及び合計特殊出生率

年　次[1]		出生数	死亡数	婚姻件数	離婚件数	出生率	死亡率	婚姻率	離婚率	合計特殊出生率
		(単位：千人)				(単位：‰，人口千対)				
1900	明治33年	1,421	911	347	64	32.4	20.8	7.9	1.46	…
1910	43	1,713	1,064	441	59	34.8	21.6	9.0	1.21	…
1920	大正9年	2,026	1,422	546	56	36.2	25.4	9.8	0.99	…
1930	昭和5年	2,085	1,171	507	51	32.4	18.2	7.9	0.80	…
1935	10	2,191	1,162	557	49	31.6	16.8	8.0	0.70	…
1940	15	2,116	1,187	667	49	29.4	16.5	9.3	0.68	…
1947	22	2,679	1,138	934	80	34.3	14.6	12.0	1.02	4.54
1950	25	2,338	905	715	84	28.1	10.9	8.6	1.01	3.65
1955	昭和30年	1,731	694	715	75	19.4	7.8	8.0	0.84	2.37
1960	35	1,606	707	866	69	17.2	7.6	9.3	0.74	2.00
1970	45	1,934	713	1,029	96	18.8	6.9	10.0	0.93	2.13
71	46	2,001	685	1,091	104	19.2	6.6	10.5	0.99	2.16
72	47	2,039	684	1,100	108	19.3	6.5	10.4	1.02	2.14
73	48	2,092	709	1,072	112	19.4	6.6	9.9	1.04	2.14
74	49	2,030	711	1,001	114	18.6	6.5	9.1	1.04	2.05
75	50	1,901	702	942	119	17.1	6.3	8.5	1.07	1.91
76	51	1,833	703	872	125	16.3	6.3	7.8	1.11	1.85
77	52	1,755	690	821	130	15.5	6.1	7.2	1.14	1.80
78	53	1,709	696	793	132	14.9	6.1	6.9	1.15	1.79
79	54	1,643	690	789	135	14.2	6.0	6.8	1.17	1.77
1980	55	1,577	723	775	142	13.6	6.2	6.7	1.22	1.75
81	56	1,530	720	777	154	13.0	6.1	6.6	1.32	1.74
82	57	1,515	712	781	164	12.8	6.0	6.6	1.39	1.77
83	58	1,509	740	763	179	12.7	6.2	6.4	1.51	1.80
84	59	1,490	740	740	179	12.5	6.2	6.2	1.50	1.81
85	60	1,432	752	736	167	11.9	6.3	6.1	1.39	1.76
86	61	1,383	751	711	166	11.4	6.2	5.9	1.37	1.72
87	62	1,347	751	696	158	11.1	6.2	5.7	1.30	1.69
88	63	1,314	793	708	154	10.8	6.5	5.8	1.26	1.66
89	平成元年	1,247	789	708	158	10.2	6.4	5.8	1.29	1.57
1990	2	1,222	820	722	158	10.0	6.7	5.9	1.28	1.54
91	3	1,223	830	742	169	9.9	6.7	6.0	1.37	1.53
92	4	1,209	857	754	179	9.8	6.9	6.1	1.45	1.50
93	5	1,188	879	793	188	9.6	7.1	6.4	1.52	1.46
94	6	1,238	876	783	195	10.0	7.1	6.3	1.57	1.50
95	7	1,187	922	792	199	9.6	7.4	6.4	1.60	1.42
96	8	1,207	896	795	207	9.7	7.2	6.4	1.66	1.43
97	9	1,192	913	776	223	9.5	7.3	6.2	1.78	1.39
98	10	1,203	937	785	243	9.6	7.5	6.3	1.94	1.38
99	11	1,178	982	762	251	9.4	7.8	6.1	2.00	1.34
2000	12	1,191	962	798	264	9.5	7.7	6.4	2.10	1.36
01	13	1,171	970	800	286	9.3	7.7	6.4	2.27	1.33
02	14	1,154	982	757	290	9.2	7.8	6.0	2.30	1.32
03	15	1,124	1,015	740	284	8.9	8.0	5.9	2.25	1.29
04	16	1,111	1,029	720	271	8.8	8.2	5.7	2.15	1.29
05	17	1,063	1,084	714	262	8.4	8.6	5.7	2.08	1.26
06	18	1,093	1,085	731	258	8.7	8.6	5.8	2.04	1.32
07	19	1,090	1,108	720	255	8.6	8.8	5.7	2.02	1.34
08	20	1,091	1,142	726	251	8.7	9.1	5.8	1.99	1.37
09	21	1,070	1,142	708	253	8.5	9.1	5.6	2.01	1.37
2010	22	1,071	1,197	700	251	8.5	9.5	5.5	1.99	1.39
11	23	1,051	1,253	662	236	8.3	9.9	5.2	1.87	1.39
12	24	1,037	1,256	669	235	8.2	10.0	5.3	1.87	1.41
13	25	1,030	1,268	661	231	8.2	10.1	5.3	1.84	1.43

(注) 昭和19年〜21年は資料不備のため省略した。昭和22年〜47年は沖縄県を含まない。
資料) 厚生労働省「人口動態統計の年間推移」，「平成25年人口動態統計（確定数）の概況」

索　引

あ 行

ILO　138
アイデンティティ　131
『赤い鳥』　74
アカウンタビリティ　162
アカデミシャンズ　137, 141, 149
アコモデーション　63
アジア　155
預かり保育　48
新しい学力観　22
新しい専門職性　150
新しい保育　58
アファーマティブ・アクション　158, 159
アメリカ　108, 157-163
ESD　83
家永裁判　96
イギリス　105, 106, 164
生きる力　94, 167
育児不安　32
池袋児童の村小学校　74
いじめ　110, 143
いじめ自殺　104, 110, 143
いじめ問題　109
一億総中流　80
一人前　64, 66, 84
一斉教授　105
一斉保育　57
一次的社会化　9, 107, 108
イレブン・プラス試験　154
インセンティブ・ディバイド　102
インターネット（ネット）　113, 121, 126, 129-134
インティメイト・ストレンジャー　130
インフォーマルグループ　110
運動会　115
エデュケーショニスト　137, 141-142, 149
NHK 国民生活時間調査　16
NCLB 法（いわゆる「落ちこぼれ防止法」）　162
M 教師　138
エンゼルプラン　28, 34, 36
　新エンゼルプラン　28, 34, 36
OECD（経済協力開発機構）　61, 150, 165, 170
往来物　65
「お客様」としての子ども　123
お小遣い　119, 120
オタク　112, 113
オタッキーグループ　112
落ちこぼれ　93
親子関係　108, 139, 140
お雇い外国人　67
オルタナティブ・スクール　160
女大学　65

か 行

改正教育令　68
買い手意識　124
学事奨励に関する被仰出書　67
学習指導要領　47, 56, 89, 90-92, 95, 104, 110, 114
学習塾　143
学習の個別化　56
学制　67, 105, 106, 144
学生文化　113
学童疎開　76
学年　103, 106
学年別学級制　106, 107
学問中心カリキュラム　80, 92
学力水準　106, 107
学力低下問題　102
隠れたカリキュラム　114, 115, 118
可視化される友だち　128, 133
家族集団　108
家族の戦後体制　31
学級　103, 105-109, 118
学級王国　109
学級共同体言説　109
学級構成員　109

191

学級集団　107-109
学級制度　107, 106, 109
学級担任　107, 108
学級づくり　109
学級編成等ニ関スル規則　107
学級崩壊　58, 60, 109, 110, 113
学校裏サイト　128-130, 133
学校格差　112
学校カリキュラム　116
学校基本調査　52, 117
学校教育法の改正　20-21, 28
学校教員　142
学校教師　141
学校行事　70, 115
学校ぎらい　117
学校社会　103
学校社会学　110
学校選択の自由化　53
学校に基礎を置くカリキュラム開発（SBCD）　98
学校の機能不全　104
学校の社会的機能　142
学校評議員制度　168
学校不適応（対策調査）　117
学校文化　109-111, 113
家庭教育　20, 21
家庭教育支援　21
家庭の教育力　21, 22, 31
下等小学　106
カリキュラム　87, 114
カリキュラム開発　97
カリキュラム・トラッキング　100
川口プラン　88
関係構築能力　134
漢江の奇跡（韓国）　156
管理教育　143
記号　125, 126
規制改革・民間開放推進会議　145
規制緩和　81, 146, 164, 168
基礎に帰れ（Back to Basics）　161
キッザニア　136
義務教育　107, 145
義務教育教員　143
キャリア教育　133, 136
給与制度　146

教育委員会　78, 143-144, 146
教育改革　67, 143, 153-169
　　第三の――　80, 94, 167
教育改革国民会議　81, 168
教育家族　18, 23-25, 30, 75
教育課程　87-91, 115
教育関係法制　77
教育基本法　21, 142
　　――改正　20, 81
教育公務員特例法　142
教育再生会議　81, 168
教育刷新委員会　137, 141
教育サービス　124, 146, 147, 150
教育社会学　110, 115
教育職員検定試験　145
教育職員免許法　144
教育審議会　74
教育投資論　93
教育内容　116
　　――の現代化　92
教育ニ関スル勅語（教育勅語）　71
教育二法　79
教育の人間化　160
教育の優秀性に関する全米新議会　161
教育世論　149, 150
教育を変える17の提案　168
教員　105, 142, 143, 146, 147
　　――に対する役割期待　146
教員社会　148
教員制度　142, 143
教員の地位に関する勧告　138
教員免許　144, 145
教員免許更新制　142, 144, 145, 168
教員免許令　144
教員役割　142, 143, 146
教員養成　105, 145
教科学習　109
教科（Subject）カリキュラム　88
教学聖旨（大旨）　68
教科書　95, 110
教科書検定　47, 92, 96
教科書無償措置　96
教科内容　115
教科用図書選定審議会　96
教師

──の社会的地位　149
──のパーソナリティ　141
「教師＝聖職者」論　137
「教師＝専門職者」論　138
「教師＝労働者」論　138
教師教育　142
教師研究　147, 148
教師集団　140
教師-生徒関係　110
教師像　149
教室　103, 105, 114, 116, 149
教師文化　110
教師論　137, 138, 147-149
教職　149
教職大学院　142
兄弟関係　108
共通一次学力試験　80
共同体　122
キング牧師　158
近代学校　103-105, 109, 114, 116, 141
近代公教育　104, 146
訓育　146
経験（Experience）カリキュラム　88
携帯電話（ケータイ）　113, 120, 121, 126-129, 134
系統主義　80, 92
血縁　122
ゲーム・携帯ゲーム　113, 120, 134
顕在的カリキュラム　114, 115
現代化建設（中国）　156
現場教師　138, 139
コア（Core）カリキュラム　88
コア・カリキュラム連盟　88
広域採択制度　96
郷学（郷校）　65
交換のシステム　125
公教育　105, 107
工業型社会　123
合計特殊出生率　14, 28
高校中退問題　117
貢進生制度　67
校長　107
公的機関　143
高等女学校　144
行動様式　108

高度経済成長　29, 79, 80, 104, 117, 122, 142, 143, 146, 147
校内暴力　104, 109, 110, 143
公費　105
公民権運動　155, 158
校門圧死事件　143
広領域（Broad-fields）カリキュラム　88
高齢化率　14
コース・オブ・スタディ　88, 101
五箇条の誓文　67
コギャル　112, 113
国勢調査　11-13
国体明徴　75
国民学校　75
国民生活基礎調査　14
国民生活選好度調査　20
誇示的消費　125
55年体制　137
御真影　71
個性重視の原則　167
子育て生活基本調査　22
子育てネットワーク　38, 39
　中庸なネットワーク　40, 41
　親族ネットワーク　31, 33
　地域ネットワーク　31, 33
国家の代理人　147, 150
〈子供〉の誕生　24, 104
コミュニケーション　125-127, 130, 132
コレジオ，セミナリオ　65
コンプリヘンシブ・スクール（総合制中学校）　154

さ　行

サイト　130
サービス　119, 123, 133
サブカルチャー　112, 113
サラリーマン　30, 75
サラリーマン教師　138
産育　64
産業構造の変化　30, 75
シークエンス　88
GHQ　76
資質教育（中国）　156
師匠　141, 142, 147

193

持続可能な開発のための教育　83
実業補習学校　72
シックスポケッツ　119
師弟関係　139, 140
児童　109, 115
児童虐待　28, 29
指導者　141
児童・生徒　105, 108, 114-116, 146, 148
指導の個別化　56
児童福祉法　27
　——改正　52
指導力不足教師　138
師範学校　70, 105, 144
師範タイプ　70
社会化（socialization）　9, 107, 108, 121, 122
　——のエージェント　108
社会関係資本（social capital）　42, 43
社会的機能　144
社会的ステイタス　125
社会的地位　109
社会統制　115
社会による子育て　38
自由化　146
自由画教育運動　74
自由学園　74
就学年齢　114
修学旅行　115
重点学校（中国）　165
自由保育　57-60
自由民主党　138
重要な他者　10
受験産業　143
出生動向基本調査　13
小1プロブレム　58, 85
生涯学習システムの形成　167
小学教員　144
小学教則　106
小学校祝日大祭日儀式規定　71
小学校令施行規則　107, 144
松下村塾　66
使用価値　125
常勤教員　145
少子化対策プラスワン　34, 37
少子高齢化　143

少子・高齢社会　14
消費　119-126, 133
消費生活化　122
「消費中心」の社会　123
商品　123, 124
昌平坂学問所　65
情報　123
情報化　116, 122
情報・消費型社会　123
情報モラル教育　133
諸学校通則　144
食育　48
食育基本法　48
職員室　107
職業科　110, 112
ショッピング・モール・ハイスクール　160
所得倍増政策　79
私立学校　143
人格的リーダーシップ　140, 141
新幹線授業　93
人種統合バス通学　159
親密性　130
臣民　146
スコープ　88
ストリーミング　154
スプートニク・ショック　79, 92
生活カリキュラム　88
生活共同体　109
生活者　122, 123, 133
「生産中心」の社会　122
成熟社会　104
成城小学校　74
生徒　108, 111, 116
　——の下位文化　112
　——の対抗文化　112
生徒-教師関係　139, 140
生徒集団　140
制度的リーダーシップ　140, 141
制度疲労　110
生徒文化　109-113, 118
青年師範学校　76
性別役割　108
精密コード　98
生理的早産　9

索　引

世代闘争　113
世帯の家族類型　10
設定保育　57
ゼロトレランス　162
世論　138, 139, 150
1960年代家族　31
専業主婦　16, 30
戦後教育　143
潜在的カリキュラム　114, 115
全体の奉仕者　142
選択制　81, 146, 162, 168
セントラル高校事件　158
選別機能　108
専門職　150
専門的職業　150
相関（Correlated）カリキュラム　88
総合的な学習の時間　94, 95, 101, 102
ソーシャライザー（socializer）　10

た　行

対教師暴力　110
大検予備校　146
大正新教育　73
大正デモクラシー　73
対面的相互行為　131
多元的自己　130, 132
脱学校的生徒文化　113
脱学校論　104
脱ゆとり教育　95
多文化社会　62
玉川学園　74
担任教師　108
地域社会　122, 123, 149
地域における子育て支援事業　27
小さな政府　94, 164, 169
地位−役割体系　108
地縁　122
知識社会学　115
知識の商人　147, 150
父親の育児参加　33, 34
チャータースクール　162
中1ギャップ　85
中央教育審議会（中教審）　48, 80, 81
中途退学（中退）　109, 110, 143
注入主義　73

長期欠席者　117, 118
超高齢社会　14
直系家族　13
通過儀礼　64, 84
「つどいの広場」事業　37
定位家族　9
TIMSS（国際数学・理科教育動向調査）　102, 170
適塾　66
デモシカ教師　138
寺子屋（手習所）　65
テレビゲーム　120, 121
等級制　106
登校拒否　117
藤樹書院　66
特別免許状　144
匿名性　130, 131
匿名の他者　130
都市化　122
友達関係　108
共働き家庭　16
トラッキング・システム　160
ドルトン・プラン　74

な　行

仲間集団　113
ナショナル・アセスメント　164
ナショナル・カリキュラム　164
七ツ前は神のうち　64
二次的社会化　9, 107, 108
21世紀教育新生プラン　168
日常生活世界　131, 132, 134
日教組　138
ニート（NEET）　82, 86
日本社会党　138
日本人の国民性調査　19
日本的集団主義　55
人間関係　139, 140
　垂直的な──　139, 140
　水平的な──　139
　──のネットワーク　139
熱血教師　138
ネットいじめ　129, 133
年齢集団　105
農業補習学校　72

195

農耕型社会　123

は　行

はいまわる経験主義　92
バウチャー制度　164
バス通園　53
八大教育主張講演会　74
発行者指定制度　96
バトラー法　154
母親のもつ社会的ネットワーク　33, 36
バーンアウト（燃え尽き症候群）　160
反学校・脱学校的な生徒文化　110
ハンドルネーム　130
引きこもり　86
PISA（学習到達度調査）　102, 170
PISA ショック　94, 165
「ひろば型」事業　37
フィンランド　167
　——の教育改革　167
副校長　107
府県免許状　144
普通科　112
普通免許状　144
不登校　85, 104, 110, 113, 117, 143, 146
不登校シンドローム　118
ブラウン判決　158
フルタイム・インティメイト・コミュニティ　127, 128
ブログ　131
文化　107, 108
文化学院　74
文化的再生産論　98
文化的ヘゲモニー（覇権）　98
ペアレントクラシー　26
ヘッド・スタート・プログラム　158-159
偏差値　111, 112
保育所保育指針　47-51, 54, 57, 59
ポスト近代型能力　23
ホワイトフライト　159
本山学校　65

ま　行

マグネットスクール　159
マスメディア　149

学びのすすめ（文部大臣アピール）　167
ママ友　39
マルティプル・ペアレンティング　19
マンガ　113, 120
明星小学校　74
メディア　113, 120, 121, 132
目に見えない集団　56
メリトクラシー　99, 102
メール　127
モニトリアル・システム　106, 107
モニトリアル・スクール　105
モノ　119, 120, 123, 125, 126, 133
問題教師　110
文部（科学）省　79, 94, 114, 117, 138, 143, 145

や　行

ヤンキーグループ　112
融合（Fused）カリキュラム　88
友人関係　139
豊かな社会　104, 122
ゆとり教育　81, 93, 94, 102
ユネスコ（UNESCO, 国連教育科学文化機関）　61, 138, 153
幼児教育の市場化　51, 52
幼小連携　59
幼稚園教育要領　47-51, 54, 57, 59
幼保一元化　45
四六答申　80

ら　行

離婚率　17
離脱の生徒文化　113
立身出世主義　73
流通　123
臨時教育審議会　56, 81, 93, 94, 143, 146, 167
臨時免許状　144
レスパイトケア　38
労働者　133
労働力調査　16

わ　行

ワーク・ライフ・バランス　17, 35
若者組・娘組　65

編著者紹介

陣 内 靖 彦（じんのうち やすひこ）
一橋大学社会学部卒。東京教育大学大学院（博士課程）単位取得退学。東京学芸大学教授，聖徳大学児童学部教授を歴任。東京学芸大学名誉教授。
［主要著書］『日本の教員社会』（東洋館出版社），『東京・師範学校生活史研究』（東京学芸大学出版会），『高校教育の社会学』（共編著，東信堂），『学校と社会』（共編著，学文社）など。

穂 坂 明 徳（ほさか あきのり）
東京教育大学教育学部卒。東京教育大学大学院修士課程修了。岐阜聖徳学園大学助教授，芝浦工業大学教授を経て，日本赤十字秋田看護大学教授。
［主要著書］『高校教育の社会学』（共著，東信堂），『学校と社会』（共著，学文社），『現代アメリカ教育ハンドブック』（共著，東信堂）など。

木 村 敬 子（きむら としこ）
お茶の水女子大学大学院人文科学研究科修了。
聖徳大学児童学部教授を経て，同大学名誉教授。
［主要著書］『新・現代女性の意識と生活』（共編著，日本放送出版協会），『揺らぐ社会の人間形成』（共著，勁草書房），『女性校長のキャリア形成』（共著，尚学社），『子どもと家族』（共著，学文社）など。

教育と社会 ─子ども・学校・教師─

2012年 4 月25日第一版第一刷発行
2017年 8 月10日第一版第七刷発行

編著者	陣内　靖彦
	穂坂　明徳
	木村　敬子

発行者　田　中　千津子

発行所　株式会社　学文社

〒153-0064 東京都目黒区下目黒3-6-1
電話　03（3715）1501代
FAX　03（3715）2012
http://www.gakubunsha.com

©Y. Jinnouchi/A. Hosaka/T. Kimura　2012　　印刷／シナノ印刷
乱丁・落丁の場合は本社でお取替します。
定価は売上カード，カバーに表示。

ISBN 978-4-7620-2257-9